Robert Blum

edition paulskirche

Bibliothek der frühen Demokratinnen und Demokraten

Herausgegeben von: Jörg Bong, Ina Hartwig, Helge Malchow, Nils Minkmar, Walid Nakschbandi und Marina Weisband

Idee und Konzeption: Jörg Bong
Projektleitung und Redaktion: Rüdiger Dammann
Gestaltung: Kurt Blank-Markard

In Kooperation mit:

STADT FRANKFURT AM MAIN

Robert Blum

Es ist 5 Uhr und um 6 werde ich erschossen

Mit einem Vorwort von Gabriele Gillen

MIX
Papier | Fördert gute Waldnutzung
FSC® C014496

1. Auflage 2023

Satz: Kurt Blank-Markard
Covermotiv: Robert Blum, Gemälde von August Hunger, zwischen 1845 und 1848, © Stadtgeschichtlichen Museums Leipzig (XVb/58)
Gesetzt aus der Adobe Jenson Pro
Druck und Bindung: GGP Media GmbH, Pößneck

ISBN 978-3-462-50003-5

7 (K)Ein Mann zum Verlieben
Vorwort von Gabriele Gillen

23 Freigeist
23 Über politische Ideen
26 Ein Blick in das Leben des Erzgebirges
38 Die deutsche Presse im Jahre 1842
47 Über die Bildung
50 Über das Proletariat
52 Über Sozialismus
53 Die Wunder des heiligen Rockes
64 Über die Glaubensfreiheit
67 Die Teilnahme der weiblichen Welt am Staatsleben
71 Über Alleinherrschaft
74 Belagerungszustand und Standrecht
80 Weihnachten (Einleitung zu: »Die Fortschrittsmänner der Gegenwart«)

Reden und Aufrufe
88 Festrede zum ersten Leipziger Schillerfest am 9. November 1840
92 Aufruf an die Freisinnigen Sachsens vom 3. März 1848
94 Völkerrechtliche Verhältnisse
95 Rede zur »provisorischen Zentralgewalt« (Nationalversammlung vom 20. Juni 1848)
104 Zweite Rede zur »provisorischen Zentralgewalt« (Nationalversammlung vom 24. Juni 1848)

114 Die Stellung der Soldaten in Deutschland (Rede im Leipziger Redeübungsverein am 6. März 1848)
120 Bericht an die Leipziger Wähler (vorgetragen am 16. August 1848)
140 Aufruf an die Wiener Bevölkerung am 18. Oktober 1848

Aus Briefen

142 Brief an die Mutter (14. März 1846)
145 Brief an Theaterdirektor Schmidt (1. Mai 1847)
148 Brief an die königliche Kreisdirektion (1847)
150 Brief an die Schwester (15. Juli 1848)
151 Briefe an Jenny Blum
158 Briefe aus Wien

176 Tagebucheintrag von Berthold Auerbach – 9. November 1848
178 Todesurteil für Robert Blum
180 Den Mördern Robert Blums *Von Louise Aston*

Anhang

181 Biografische Notiz
189 Editorische Notiz
190 Quellen

(K)EIN MANN ZUM VERLIEBEN

Vorwort von Gabriele Gillen

Robert Blum: Kein Mann zum Verlieben! »Denkt euch eine platte, sattelförmige Nase, zwei kleine graue, tief liegende Augen, eine flache holprige Stirn, einen Mund, der sich unter der Nase in sich selbst verkriecht und einen struppigen, urwalddichten rotblonden Bart, und ihr habt ungefähr einen Umriss des Blumschen Kopfes. Und dieser Kopf scheint gar nicht, wie bei anderen Sterblichen, an seinem Hals zu sitzen, sondern ist unmittelbar zwischen die breiten Schultern gequetscht«, so war es 1848 in der von Ludwig Kalisch gegründeten Sonntagszeitung »Der Demokrat« zu lesen.[1] Das ist nicht sonderlich schmeichelhaft, aber es ist auch nicht hämisch gemeint: »Übersichten über gewisse Entwicklungsperioden der Zeit knüpfen sich am bequemsten an Personen an. In der Persönlichkeit ist ein Bleibendes, während die Ereignisse vergehen. (...) Männer, in denen der Geist der Zeit Fleisch geworden ist.« Eine Formulierung, die gut zu dem politischen Dschungelkämpfer Robert Blum passt. Tatsächlich verkörpert er unsere demokratische

1 N. N.: Öffentliche Charaktere I: Robert Blum. In: Die Grenzboten. Jg. 7, 1848, II. Semester, III. Band, S. 366–386.

Gründerzeit; die revolutionären Träume von einer Republik, in der die Bürger- und Menschenrechte für jeden und jede gelten; von einem für alle verlässlichen Rechtsstaat; von einem Europa, in dem freie Völker in Frieden zusammenleben. Denn: »Was wäre auch die Freiheit, wenn sie nicht jedem Menschen und jeder Meinung vergönnt sei?«[2] Robert Blum: Ein Mann zum Verlieben!

Wer sich mit seinem Leben, seinen Kämpfen, mit seinen Texten, Reden und Briefen beschäftigt, entdeckt einen wilden, abenteuerlustigen Geist; eine immer wache Beobachtungsgabe; die funkelnde Freude an der Sprache und am Denken; den Mut für Aufbruch und Wandel; den Mut, im stürmischen Gegenwind seinen Überzeugungen treu zu bleiben. Und einen heute kaum noch zu erlebenden fröhlichen Glauben an die Zukunft. »Die Zeit, in der wir leben, ist eine der schönsten und größten, die es je gegeben. (...) Alles will mit Kraft vorwärts«, schrieb Blum 1840.[3] Und verkörpert mit diesem Glauben, mit dieser Hoffnung auch den Geist der ersten Hälfte des 19. Jahrhunderts.

Überall brach das Neue herein. Mit den Ideen der französischen Revolution – »Freiheit, Gleichheit, Brüderlichkeit« – hatte in Europa eine neue politische Zeitrechnung begonnen; die Selbstverständlichkeit, mit der sich Kaiser und Könige über Jahrhunderte als gottgewollte Herrscher dargestellt hatten, wurde allerorts hinterfragt; die miteinander vernetz-

2 Blum zitiert nach Arthur Frey: Zur Erinnerung an einen Todten. Robert Blum als Mensch, Schriftsteller und Politiker. Mannheim, J.P. Grohe 1849, S. 152.

3 Zitiert nach: Hans Blum: Robert Blum. Ein Zeit- und Charakterbild für das deutsche Volk. Leipzig, Verlag von Ernst Keil, 1878, S. 152.

ten und verschwägerten europäischen Königshäuser mussten Antworten finden auf den wachsenden Nationalismus, also auf die Forderung nach souveränen Staaten; die von England ausgehende Industrielle Revolution mit ihren neuen Herstellungsmethoden, Transportmitteln und technischen Errungenschaften wälzte die Wirtschaft um und schuf über den Besitz oder Nichtbesitz von Produktionsmitteln eine neue Klassengesellschaft, auch mit der Möglichkeit von Auf- und Abstieg; neben der Innerlichkeit und der Naturschwärmerei waren das Individuum und die Freiheit zentrale Begriffe der Romantik, der künstlerischen und intellektuellen Bewegung jener Zeit, Malerei oder Theater lösten sich aus ihren Abhängigkeiten von den Fürstenhäusern und suchten nach Autonomie; die Erfindung der Schnellpresse ermöglichte das Drucken und Verbreiten zahlreicher politischer Schriften und das Überlisten der überall herrschenden Zensur: kaum war eine Zeitung, war eine Buchreihe verboten, erschien unter einem anderen Namen eine neue Publikation derselben Herausgeber.

Aufbruch und Wandel waren die Stichworte der Zeit. Während der Adel auf die Rückkehr der guten alten Vergangenheit hoffte, wurden die Umbrüche in den bürgerlichen Kreisen als Chance für die Gestaltung einer neuen Gesellschaft gesehen. Damit einher gingen Forderungen nach einer breiteren Bildung, nach einer Förderung des Einzelnen. Hinter dieser Idee steckte auch die Vorstellung, durch mehr Bildung mehr Leistung und durch mehr Leistung mehr Besitz oder Reichtum zu erreichen – zur Abgrenzung nach unten von den armen Industrie- oder Landarbeitern, aber auch als Kampfansage an das Geburtsvorrecht des Adels, dem seine Privilegien selbst dann garantiert waren, wenn er – wie es der Schriftsteller Lorenz von Westenrieder formulierte – an »tierischer Unwissenheit und Dummheit« litt.[4] Und Robert Blum wird 1848 in dem von ihm herausgegebenen »Volksthümlichen Handbuch der Staatswissenschaften und Politik« über Bildung schreiben: »Wie die Sonne des Himmels für jeden da ist, der hinaustreten und sich ihrer erfreuen will, so muss das Licht des Geistes, welches die Bildung fördert und ausbreitet, jedem zugänglich sein.«[5]

Davon konnte Robert Blum selbst, geboren 1807 im damals zum Kaiserreich Frankreich gehörenden Köln, nur träumen. Zwar hatte ihm der bildungsinteressierte Vater vor seinem frühen Tod noch Lesen, Schreiben und Rechnen beigebracht, doch Not und Armut ließen nur einen kurzen Schulbesuch zu. (Kinder-)Arbeit statt Bildung. Ein Leben lang, so schreibt der Blum-Biograf Ralf Zerback, habe Robert Blum darunter gelitten, dass er nur eine kurze Zeit zur Schule gehen konnte.[6] Doch sein Bildungshunger, gepaart mit einer im frühen Überlebenskampf erworbenen Zähigkeit, suchte sich andere Wege, Wissen zu erwerben. Auf den jahrelangen Wanderjahren als Gelbgießergeselle und später als Angestellter der Kölner »Gesellschaft zur Beleuchtung der Städte«, die Straßen und Parks illuminierte, reiste er zu Fuß oder später mit der Kutsche in fast alle Fürstentümer

4 Zitiert nach August Kluckhohn: Aus dem handschriftlichen Nachlasse L. Westenrieders, in: Abhandlungen der Historischen Classe der Kgl. Bayrischen Akademie der Wissenschaften (17/2), München 1882, S. 1–111, hier 46.

5 Siehe »Über die Bildung« in diesem Band.

6 Ralf Zerback: Robert Blum. Eine Biografie, Lehmstedt Verlag, Leipzig, 2007, S. 21.

und freien Städte Deutschlands. Er verfasste immer lebendiger werdenden Reiseaufzeichnungen, schärfte seinen Blick für Kultur, Architektur und soziale Zustände und suchte unterwegs alle erreichbaren Bibliotheken auf, außerdem Theater und Museen. Er las in jeder freien Minute; Tag für Tag, Nacht für Nacht erweiterte er seinen Wortschatz und seine Kenntnisse der belletristischen, philosophischen oder naturwissenschaftlichen Literatur. Im August 1830 kehrte er zurück nach Köln, wo er am Stadttheater eine Stelle als Theaterdiener fand. Das war zwar die unterste Stufe der Hierarchie, aber Intendant Friedrich Sebald Ringelhardt erlaubte ihm die Nutzung der Theaterbibliothek. Blum studierte, so weit vorhanden, die gesamte dramatische Literatur. Und entdeckte Friedrich Schiller, der ihn nachhaltig begeisterte und aus dessen Werken er zu lernen suchte, wie eine politische Botschaft in die Herzen und Köpfe der Menschen zu pflanzen sei.

1813 war die französische Armee in der blutigen Völkerschlacht bei Leipzig, der entscheidenden Schlacht der Befreiungskriege, besiegt worden, Napoleon musste sich aus Deutschland zurückziehen. 1815 beschloss der Wiener Kongress im Rahmen der territorialen Neuordnung, dass das Rheinland von nun an zu Preußen gehöre und damit zum neu geschaffenen Deutschen Bund. Ziel des Adels war die Restauration, die Wiederherstellung der früheren Verhältnisse. Doch die revolutionären Hoffnungen lebten weiter und die Pariser Julirevolution von 1830 bedeutete für die Generation Blums einen neuen politischen Aufbruch. Der Pariser Funke sprang über: in Polen, in Italien, in London. Überall gingen die Menschen gegen die alten Mächte auf die

Straße, demonstrierten für ein neues Wahlrecht, für Grundrechte. Im Deutschen Bund wurden in Hannover, Kurhessen, Braunschweig und in Sachsen moderne Verfassungen erzwungen. Es erschienen zahllose revolutionäre Schriften. In Wirtshäusern wurde es üblich, Zeitungen vorzulesen, Handwerker und Lohnarbeiter nahmen an politischen Gesprächen und Debatten teil. In Rheinhessen, der Pfalz und in der Rheinprovinz sangen ländliche und städtische Unterschichten Freiheitslieder, pflanzten Freiheitsbäume und organisierten politisierte Katzenmusiken gegen Vertreter der staatlichen Behörden. Ein Höhepunkt der Bewegung ist im Mai 1832 das Hambacher Fest, eine riesige Demonstration für nationale Einheit, Freiheit und Volkssouveränität in der zum bayrischen Königreich gehörenden Rheinpfalz. Umbruch liegt in der Luft. Unter dem Eindruck der Pariser Julirevolution dichtet der 22jährige Robert Blum: »Ringet kühn für Recht und Freiheit. Jauchzet: Hoch die freie Welt.«[7]

Zur Spielzeit 1831/1832 wechselt Ringelhardt ans Theater in Leipzig. Blum folgt ihm 1832. Mit seinem Umzug in die sächsische Buch- und Kulturmetropole Leipzig, mitten hinein in den politischen Gärungsprozess des Vormärz, wird Robert Blum zu einem unermüdlichen politischen Aktivisten für Freiheit und Recht. Eine neue Welt tut sich für ihn auf, erst hier begreift er das Theater als einen der wenigen öffentlichen Räume, als Bühne des Volkes, die Verbindung von Sprache und Politik.

Die Arbeit im Theater inspiriert Blum, seine vielfältigen Talente auszuprobieren und zu entwickeln. Er ist Theater-

7 Robert Blum Nachlass, Staatsbibliothek zu Berlin, Kasten 3, Nr. 1, S. 48.

sekretär, Bibliothekar und Kassierer. Er schreibt Dramen, Gedichte und außerdem erste Feuilletontexte für verschiedene populäre Zeitungen und Zeitschriften. Gemeinsam mit dem Schriftsteller Carl Herloßsohn und dem Humoristen Hermann Marggraff veröffentlicht er ein »Allgemeines Theater-Lexikon«, eine »Encyklopädie Alles Wissenswerthen für Bühnenkünstler, Dilettanten und Theaterfreunde«, in der er ebenso über wichtige Theater in der Welt wie über das Haar als »schönste und natürlichste Zierde« des Kopfes schreibt und eine kleine Kulturgeschichte der Haartracht liefert. Er bewirkt die Gründung des Leipziger Schillervereins, bei dessen wiederkehrenden Schiller-Feiern er als Hauptredner regelmäßig Triumphe feiert. Zusammen mit dem Geschichtsprofessor und Literaten Friedrich Steger gibt er zur politischen Bildung der unteren Klassen den »Verfassungsfreund. Volksschriften über staatsbürgerliche Angelegenheiten« und außerdem eine Publikation mit dem Titel »Vorwärts!« heraus, ein jährliches Volkstaschenbuch mit Essays oder biografischen Porträts. Er arbeitet als Redakteur bei den »Sächsischen Vaterlands-Blättern«; er gründet eine Buchhandlung, in der u.a. das »Staatslexikon für das deutsche Volk« erscheint, für das Blum zahlreiche Artikel verfasst. Als Adressat hat Blum vor allem das einfache Volk vor Augen, dem er entstammt, das er kennt und dem er über den Weg der Bildung zur Emanzipation und zur Teilhabe am gesellschaftlichen und politischen Leben verhelfen will. Er beschreibt Hintergründe, erklärt Zusammenhänge und Begriffe. Er klärt auf. Kein Thema, kein politisches Stichwort, zu dem er nichts zu sagen, über das er noch nicht nachgedacht hätte: Freiheit oder Gleichheit, Gerechtigkeit oder

Rechtsstaat, Militär oder Kirche, Bildung oder – zum Beispiel – politische Ideen: »Auch jetzt verlacht man noch die Ideen einer gerechteren Verteilung der Lebensgüter, eines allgemeinen Wohlstandes, einer Aufhebung der Armut und Verarmung. Allein auch sie werden unaufhaltsam der allgemeinen Anerkennung, dem Durchbruch, der Herrschaft entgegen reifen.«[8] Jeder von Blums Texten endet optimistisch, mit einem geradezu kindlichen Glauben daran, dass die bessere Zukunft nur noch wenige vernünftige Schritte entfernt ist. Ein Glaube, der unserer Gegenwart längst abhandengekommen ist.

Die Tätigkeit im Theater sichert auch den Lebensunterhalt der größer werdenden Familie Blums. Doch das Politische und die politische Publizistik werden immer mehr zum eigentlichen Lebensinhalt von Robert Blum. Blum ist ein politischer Visionär mit dem Instinkt eines Populisten, den er im Kölner Armen-Getto, auf seinen Reisen, in Versammlungen entwickelt hat. Er spürt, was die Stunde geschlagen hat, er wittert die Revolution. Und bereitet sich vor. Blum knüpft Kontakte, vorerst im Verborgenen, um den vormärzlichen Überwachungsstaat nicht auf den Plan zu rufen. Die Karlsbader Beschlüsse erlauben es nicht, offen gegen die antidemokratischen Zustände im Land vorzugehen: Überwachung, Denunziation, Pressezensur und Willkürjustiz bedrohen die Opposition.

Auch Blum wird in Sachsen überwacht. Er gründet zahlreiche Vereine, mit denen politische Diskussionen und Veranstaltungen getarnt werden können. Neben dem Schiller-

8 Siehe »Über politische Ideen« in diesem Band.

verein zum Beispiel den sogenannten »Redeübungsverein« oder die »Kegelgesellschaft«. Im März 1848 folgt der »Leipziger Vaterlandsverein«.

Robert Blum ist überall präsent. Seine Aktivitäten in Leipzig verblüffen durch ihre Vielfalt und ihre Entschlossenheit. Die politischen Botschaften müssen unters Volk gebracht werden, um ihre Wirkung zu entfalten. Das Netzwerk, das Blum knüpft, reicht schon bald weit über Sachsen hinaus. Robert Blum wird unter den führenden Liberalen des Deutschen Bundes zu einer maßgeblichen Gestalt. Im September 1844 muss Blum wegen angeblicher Verunglimpfung der königlich sächsischen Justizbehörden in den »Vaterlands-Blättern« für einige Woche ins Gefängnis. Seine Schwester Margarete drängt ihn, sich politisch zurückzuziehen. Er könne sowieso nichts ändern. Blum antwortet ihr geradezu empört: »Es hätte nie ein Christentum und eine Reformation und keine Staatsrevolution und überhaupt nichts Großes und Gutes gegeben, wenn jeder stets gedacht hätte: ›Du änderst doch nichts!‹ Glaubst Du etwa, es sei ein Spiel, dieser Kampf gegen die Übergriffe und unrechte Stellung der Staatsgewalten, aus dem man sich zurückzieht, wenn es keinen Spaß mehr macht? Oder glaubst Du, man beginne diesen Kampf leichtfertig und leichtsinnig, ohne das Bewusstsein, dass die Staatsgewalten die furchtbare Waffe eines Gesetzes, welches sie meist allein und für ihre Zwecke gemacht haben, gegen uns schwingen und wir fast unbewehrt sind? Allerdings gibt es der fischblutigen Amphibien sehr viele, die recht sehr freisinnig sind, solange es Volkstümlichkeit und Beifall einbringt, die aber sehr klug sind und sagen: ›Ich ändere doch nichts!‹, sobald ein unfreundlicher

Wind geht. Willst Du mir raten, mich mit diesem Lumpengesindel in eine Reihe zu stellen?«[9]

Für die Befreiung der Menschen aus Unmündigkeit und systematischer Unterdrückung geht Blum keinem Konflikt aus dem Weg, auch nicht mit der katholischen Kirche. Nach seiner Kommunion hatte Robert Blum in der Kölner Kirche Groß Sankt Martin, die direkt hinter seinem Elternhaus stand, als Messdiener begonnen. Schon bald geriet der hochbegabte Junge in eine tiefe geistige Krise. Er vermochte nicht an die Transsubstantionslehre zu glauben, an die theologische Behauptung, dass sich bei der Abendmahlsfeier Brot und Wein in den Leib und das Blut Christi verwandelten. Und offenbarte einem Kaplan während der Beichte seine Zweifel. »Statt aber die erwartete Beruhigung zu empfangen, musste er sehen, wie der Priester zurückschreckte, als ob ihm eine Schlange entgegenzische, und die Absolution kurzweg verweigerte.«[10] Robert kam vor ein »geistliches Gericht«, was ihm den Bruch des Beichtgeheimnisses offenbarte. »Diese (…) Verletzung des Beichtgeheimnisses gab dem eingeschüchterten Knaben den Mut wieder, und er erklärte nun kurz und bündig, halte man dieses Sakrament nicht heilig, so vernichte man mit dem Glauben an diesen Lehrsatz zugleich den an alle anderen.«[11] Der Pfarrer geriet so sehr in Wut, dass er sich auf Robert stürzte. Der konnte den Schlägen

9 Robert Blum. Briefe und Dokumente, herausgegeben von Siegfried Schmidt, Verlag Philipp Reclam jun. Leipzig, 1981, Nr. 16, S. 30.

10 Selbstbiographie von Robert Blum und dessen Ermordung in Wien am 9. Novbr. 1848: Herausgegeben von einem seiner Freunde. Leipzig und Meißen, Verlag von F.W. Goedsche 1848, S. 6.

11 Ebd.

entfliehen und wurde als Messdiener gefeuert, womit seine Ablehnung der Kirche ihren Anfang nahm. Später sollte Robert Blum für eine strikte Trennung von Kirche und Staat, für eine Abwendung von Rom und dem Papst und für das Recht auf Glaubensfreiheit kämpfen. In den »Sächsischen Vaterlands-Blättern« rief er offen zum Austritt aus der katholischen Kirche auf und sprach sich gegen das katholische Sakrament der Beichte sowie gegen den Pflichtzölibat für Priester aus. »Glaubensfreiheit und Gewissensfreiheit, d. h. das Bewusstsein, weder etwas tun zu müssen, was das sittliche Gefühl beleidigt, noch etwas bekennen zu müssen, was man weder weiß noch glaubt, will die Welt und bedarf die Menschheit, wenn sie frei und glücklich werden will.«[12]

Im Laufe der Jahre in Leipzig findet Robert Blum zu seiner politischen Position. Die Liberalen spalten sich: Auf der einen Seite die Anhänger einer konstitutionellen Monarchie, auf der anderen die Anhänger einer Republik, einer parlamentarischen Demokratie, die demokratischen Linken, zu denen Blum gehört. Gewaltsame Umsturzpläne lehnt Blum ab. Schiller, das Vorbild Robert Blums, vertrat die Ansicht, dass nur der frei sein könne, der sich auch der Freiheit der anderen zuneige, und dies nicht aus taktischen Gründen oder aus Angst vor Strafe. Wie Schiller oder Kant glaubt Blum, dass der Frieden mit der Freiheit der anderen zum Balanceakt der Freiheit gehört, und träumt von einem idealen Staat mit freiheitsfähigen Bürgern, die mit Vernunft das Gleichgewicht zwischen eigener und fremder Freiheit selbst

12 Robert Blum: Volksthümliches Handbuch der Staatswissenschaften und Politik. Ein Staatslexikon für das Volk (2 Bände). Verlagsbuchhandlung Blum & Co., 1848/1851, Seite 444.

herstellen. Doch Blum, der die Not der unteren Schichten selbst erfahren hat, weiß auch, dass Menschen unter elenden Lebensbedingungen keine philosophischen Erörterungen wollen, sondern konkrete gesellschaftliche Veränderungen. Um diese aber aus eigener Kraft zu erreichen und zu verteidigen, so Blums tiefe Überzeugung, braucht es Bildung. Eines seiner Lebensthemen. Ende März 1848 wird Blum als Delegierter ins Vorparlament gesandt und zum Vizepräsidenten gewählt. Von den Leipzigern zum Abgeordneten bestimmt zieht Blum Mitte Mai 1848 in die Nationalversammlung ein und wird zum Sprecher der demokratischen Linken, die er schnell als erste Fraktion organisiert. Treffpunkt »Deutscher Hof«. Bald gilt er als einer der mitreißendsten Redner der Nationalversammlung, gerät aber auch immer mehr zwischen die Fronten. Der äußersten Linken, der Fraktion »Donnersberg«, die sich schon Ende Mai 1848 vom »Deutschen Hof« abspaltet, ist er zu gemäßigt, den Fraktionen der Liberalen und Rechten zu radikal. Die einen wollen die Revolution in Kämpfen auf der Straße retten, die anderen wollen mit oder gar ohne ein demokratisch gewähltes Parlament nicht auf einen König verzichten. Je länger er in der Nationalversammlung agiert, desto unerreichbarer scheinen Blum seine Ziele. Der Traum von einer demokratisch legitimierten Republik findet in der Nationalversammlung keine Mehrheit, stattdessen wird eine konstitutionelle Monarchie beschlossen.

Doch im Oktober 1848 gibt es aufregende Nachrichten von revolutionären Aufständen in Wien. Blum macht sich auf den Weg nach Wien, mit einer Solidaritätsnote seiner Fraktion in der Tasche. Ungeduldig, verzweifelt ob der verfahrenen Situation in der Nationalversammlung und sehnsüchtig nach dem Vorwärts lässt sich Blum von der revolutionären Stimmung auf der Straße oder in der Universität, von der Entschlossenheit der Aufständischen, von der Dynamik der Ereignisse mitreißen. Und übernimmt sogar das Kommando über eine kämpfende Einheit. Der Mann des Ausgleichs, der geistige Vater der parlamentarischen Demokratie, der glühende Anhänger der Vernunft kämpft plötzlich mit der Waffe in der Hand für seine Ideale. Die Revolution muss siegen! Sie siegt nicht. Der Aufstand in Wien wird niedergeschlagen, Robert Blum wird verhaftet, von einem Standgericht ohne Verteidigung zum Tode verurteilt und am 9. November 1848 außerhalb von Wien von einem Exekutionskommando ermordet. Ein politisch motiviertes Justizverbrechen – auch Blums Immunität als Abgeordneter wird missachtet. Felix Fürst zu Schwarzenberg, der österreichische Regierungschef, und Fürst Windischgrätz, Oberkommandierender der kaiserlichen Truppen, nutzen die Gelegenheit, an einem führenden Repräsentanten der Paulskirche ein Exempel zu statuieren, um ihre Verachtung für die Nationalversammlung und den Kampf um Freiheit und Recht zu demonstrieren. Und tatsächlich spiegelt Blums Exekution die realpolitische Machtlosigkeit der Paulskirchenversammlung wider.

Aufbruch und Wandel: Stichworte der Zeit, Merkmale von Robert Blums Leben. Der Weg aus Armut und Kinderarbeit zu einem autodidaktischen Großmeister in Schrift und Sprache. Der Weg vom Gelbgießergesellen und Laternenverkäufer in Köln zum Theatersekretär, zum Schriftsteller, Journalisten und Publizisten, zum Redner und Politiker in Leipzig. Der Weg aus den dunklen Schatten der Pfarrkirche hin zur hellen Erkenntnis über katholischen Machtmissbrauch und päpstliche Willkür. Der Weg aus der untersten sozialen Schicht hinein in die Paulskirche, hinein in die Nationalversammlung: Und auch der Weg vom Prediger der Gewaltlosigkeit zum verzweifelten letzten Kampf auf den Barrikaden von Wien. »Alles will mit Kraft vorwärts.«

Robert Blum ist eine bedeutende Gestalt der deutschen Demokratie- und Freiheitsgeschichte; Vordenker und Wegbereiter unserer freiheitlich-demokratischen Grundordnung. Seine Publikationen und Reden sind durchdrungen von dem Bekenntnis zu Frieden, Freiheit, Demokratie und Recht. Und seine Forderungen nach einer parlamentarischen Verfassung, nach politischer Mitbestimmung der Bürger, nach einem für alle geltenden Rechtsstaat, nach sozialer Sicherheit und dem freien Zugang zur Bildung nehmen die Grundlagen unserer heutigen Gesellschaft, unserer Demokratie vorweg. Aber Robert Blum wäre sicher auch ein kluger, leidenschaftlicher, unerschrockener Kritiker ihrer zahlreichen Beschädigungen und wachsenden sozialen Verwerfungen. Wir hätten Robert Blum dringend nötig. Seinen Einsatz für Bildung und Aufklärung, seine scharfen Analysen, seinen Mut zum Widerspruch – und seinen Einsatz für eine gerechte Demokratie.

»Eine ruhige Prüfung der gewichtigen Fragen, die auf die Gestaltung unseres öffentlichen Lebens von entscheidendem Einfluss sind, tut daher vor allem Not. Keine Leidenschaft, kein Irrtum, am wenigsten absichtliche Lüge, dürfen sich in die Erörterung der Formen und Einrichtungen, die für das Staatsleben die passendsten sind, mischen, sollen wir anders unsere Entscheidung richtig abgeben. Zu dieser Entscheidung sind aber alle berufen und berechtigt, Arme wie Reiche, Mächtige wie Schwache, Hohe wie Niedere, denn das Vaterland umschlingt alle Staatsbürger mit gleichem Bande, und was ihm widerfährt, Gutes oder Böses, das hat auch jeder Einzelne mitzuempfinden.«[13]

Robert Blum wurde am 9. November 1848 für seine Ideale hingerichtet. An einem Datum, das deutsche Geschichte schreiben sollte. Genau 70 Jahre später, am 9. November 1918, wurde von Philipp Scheidemann und Karl Liebknecht die erste deutsche Republik ausgerufen.

13 Zitiert nach: Hans Blum: Robert Blum. Ein Zeit- und Charakterbild für das deutsche Volk. Leipzig, Verlag von Ernst Keil, 1878, S. 153.

FREIGEIST

Das Wort bedarf kaum einer Erklärung; ein Freigeist ist ein Geist, der frei nach allen Richtungen denkt und forscht, ein emanzipierter Geist. Dass das Wort Freigeist eine Art Schimpfname in unseren Staatszuständen ist, spricht sehr deutlich dafür, dass sich der Geist in einem sehr wenig freien Zustand befindet.

ÜBER POLITISCHE IDEEN

Die Masse der Gedanken, welche die stets wachsende Bildung erzeugt und reift, geben in ihrer Gesamtheit eine Art Bild, welches in immer weiteren Kreisen betrachtet, geliebt, ersehnt wird, ehe das Verständnis allgemein ist und diese Allgemeinheit den Eintritt der Ideen in das Leben notwendig macht. Man kann falsche, verderbliche, unhaltbare Gedanken in die Zeit schleudern und ihnen einen Anhang werben – sie werden deshalb nicht zu Ideen, sondern verhüllen dieselben nur auf Augenblicke, wie die Schale ihre Frucht, die zersprengt wird, sobald die Reife sich entwickelt hat;

man kann Gedanken ächten, verfolgen, unterdrücken, wie dies die geistesmörderische Zensur in Deutschland 30 Jahre getan – man kann aber deshalb die Ideen nicht zerstören, die aus ihnen hervorgingen. Werfen wir statt aller Ausführung einen Blick auf unsere Zeit, so wird uns die Entwicklung der Gedanken zu Ideen, der Ideen zur Tat bald klar werden. Die Masse der Gedanken, welche Deutschlands große Geister am Ende des vorigen Jahrhunderts in die versumpften Zustände ihres Volkes schleuderten, schienen gar keinen Erfolg zu haben. Das Volk sank tiefer und tiefer, wurde völlig dienstbar fremdländischer Gewaltherrschaft, und die Leiter des Volkes, seine »Beglücker und Beherrscher«, vollendeten seine Schande und sein Unglück, indem sie (...) ihr Volk der Knechtung überlieferten durch Feigheit und Verrat. Hat dieses Elend die Ideen aufgehalten? Nein, unter dem eifernsten Druck sind sie gewachsen, bis sie stark genug waren, alle Gewalt zu zersprengen. Ein anderes Beispiel: An die Erhebung des Befreiungskrieges schlossen sich die Ideen von der Freiheit und Einheit des Vaterlandes an. Sie wurden niedergehalten durch 30jährige Geistesknechtschaft, durch das schmachvolle Mittel der Zensur, durch Bundesbeschlüsse, ministerielle Wiener Verschwörungen, Gewalt, Bevormundung und Polizei. Hat es geholfen? Unter dem ersten Eindruck der großartigen französischen Staatsumwälzung brachen die Ideen gewaltsam hervor und gelangten zur Herrschaft. Welche schmachvolle Rolle spielten dabei die deutschen Regierungen! Wie hatten sie hohngelächelt, wenn man ihnen diesen Durchbruch vorher verkündete! Wie pochten sie auf ihre Bajonette und auf ihre Polizei! Wie spotteten sie der »Ideologen, Utopisten, Schreier, Böswilligen«

usw., welche unermüdlich forderten, was man jetzt sogleich gewähren musste! Wie übermütig wiesen sie auf ihre Unfehlbarkeit und Allmacht hin, der Knechtung noch den Hohn hinzufügend! Und das alles ist zerstoben und zugrunde gegangen vor einem Hauch der Freiheit; die Pfuscher und Bönhasen[14] in der Politik, die sich Minister und Staatsmänner nannten, sind beseitigt, nur die Schande ihrer hochverräterischen Unterdrückungsversuche und die Lächerlichkeit ihres Gebarens ist übrig geblieben als trauriges Denkmal ihres Daseins. So allmächtig sind die politischen Ideen, die kein Druck, keine Gewalt, kein Verrat zerstören kann, die immer weitere Kreise durchdringen, immer mehr Herzen entflammen, immer mehr Anhänger gewinnen, bis sie friedlich oder gewaltsam ins Leben treten und die Welt beherrschen. Es kann sie Niemand machen, es kann sie Niemand ausrotten, sie wachsen, wie die Pflanze bis zur Reife. Auch jetzt verlacht man noch die Ideen einer gerechteren Verteilung der Lebensgüter, eines allgemeinen Wohlstandes, einer Aufhebung der Armut und Verarmung. Allein auch sie werden unaufhaltsam der allgemeinen Anerkennung, dem Durchbruch, der Herrschaft entgegen reifen. Hoffentlich ist die Zeit für immer vorbei, wo man Ideen mit Polizei verfolgt (…).

14 Ein *Bönhase* (auch: Böhnhase) war in Norddeutschland ein unzünftiger, also keiner Zunft angehöriger Handwerker. Auch Nichtwissende oder »Dummköpfe« wurde als Bönhasen betrachtet.

EIN BLICK IN DAS LEBEN DES ERZGEBIRGES

Der gewaltige Notruf, welcher aus dem sächsischen Erzgebirge schon beim Beginn des Winters erscholl, und trotz des Aufgebots aller Kräfte und Mittel der lebhaft angeregten Wohltätigkeit sich kaum verminderte, hat die Blicke nicht nur in Sachsen, sondern fast in ganz Deutschland auf jenen Landstrich gelenkt, welcher durch den gänzlichen Verfall der nährenden Industriezweige dem Verderben preisgegeben scheint.

Ist auch das Erzgebirge im Allgemeinen ein armer Landstrich, in dem der widerstrebende Boden und die Rauheit des Klimas gleichmäßig auf eine sehr geringe Fruchtbarkeit desselben wirken, der Bergbau schon lange seinen Arbeitern nur das kümmerlichste Dasein gewährt, die Kattunweberei und Strumpfwirkerei eben im letzten Stadium des verzweifelten Kampfes liegen, welchen nach dem Gang fabrikmäßiger Industrieentwicklung die Hausindustrie überall mit der Fabrikation in geschlossenen Fabriketablissements kämpft, dem sie überall erliegen muss; die Fabrikation von Holz- und Spielwaren sich teils überlebt hat, teils gegen die mächtigere Konkurrenz zurückgeblieben ist; die Leinwandindustrie unter der allgemeinen Verkümmerung schmachtet, der sie in ganz Deutschland preisgegeben ist, und die Band- und Posamentierwarenfabrikation[15], trotzdem dass sie als der blühendste Erwerbszweig betrachtet werden kann, es nicht vermag, die allgemeine Geschäftskalamität auszugleichen, so

15 *Posamente* (aus dem französischen *passement*, Borte, Besatz): Sammelbezeichnung für schmückende Geflechte, wie Zierbänder, Kordeln, Litzen, Quasten oder Spitzen aller Art.

ist es doch vorzugsweise die raueste Gegend des Erzgebirges, deren Bevölkerung sich mit dem einst so einträglichen Spitzenklöppeln beschäftigt, welche dem größten Mangel und Elend erliegt. – Die Schilderungen dieser allgemeinen Not sollen indessen hier nicht um eine vermehrt, vielmehr in einem kleinen Bildchen das Leben des Erzgebirges geschildert werden. Die viel genannten Dörfer Rittersgrün und Großpöhla, ersteres mit gegen 3000, letzteres mit etwa 1600 Einwohnern, die sich fast sämtlich mit Klöppeln ernähren, mögen den Anhaltspunkt dazu bieten. In diesen, also ziemlich großen Dörfern gibt es selbst für die Männer außer dem Klöppeln wenig Verdienst; wenige nur nähren sich als Hochöfner auf dem benachbarten Hammerwerk und verdienen daselbst bei einer schweren Arbeit wöchentlich 1 Taler, wofür sie abwechselnd Tag und Nacht arbeiten müssen, denn diese Werke stehen von Montagfrüh bis Sonnabendabend niemals still. Noch weniger verdienen die Waldarbeiter, die zudem noch von der Witterung abhängen und im Winter gänzlich feiern müssen. Daher ist nichts natürlicher, als dass auch die Männer zum Klöppeln greifen und Knaben wie Mädchen die Klöppelschule (in Rittersgrün) besuchen, Männer wie Frauen am Klöppelkissen sitzen.

Mit dieser Arbeit nun vermögen ein Paar geschickte Hände bei dem anhaltendsten Fleiße in guten Zeiten 4–5 Reichsgroschen täglich zu verdienen; dazu gehört aber nicht allein die höchste Ausbildung im Fache, also der Besuch der Klöppelschule von frühester Kindheit an, sondern auch die sauberste und geschmeidigste, von keiner rauen Arbeit »verdorbene Hand«. Deshalb verrichten auch die Männer, deren Hände zur feineren – und lohnenderen – Arbeit fast stets zu ungeschickt sind, besonders im Winter die häuslichen Arbeiten wie Heizen, Kehren, Kochen usw. und überlassen die Erwerbsarbeiten der Frau und den Kindern.

Die Wohnungen geben den Hütten der Proletarier, wie sie uns aus London, Manchester und anderen großen Städten geschildert werden, wenig nach an Armut und Elendigkeit. Schon das äußere Ansehen der Häuser verrät das Elend, welches drinnen wohnt: Die meisten haben nur ein Erdgeschoß und darauf ein großes Schindeldach. Die allgemeine Verarmung hat auch die Besitzer dieser Hütten nicht geschont, und ein Haus, welches noch ein Stockwerk über dem Erdgeschosse hat, ist fast ebenso selten als eines, welches nicht äußerlich und innerlich die Spuren des Verfalls und versäumter Ausbesserung an sich trägt. An den kleinen Fenstern sind oft zwei Drittel der Scheiben zerbrochen und mit Papier verklebt, wodurch das Tageslicht verkümmert wird, welches zu der feinen Arbeit so nötig ist; durch das lückenhafte Dach bricht Regen, Schnee und Sturm herein, und oft ist der Schläfer, der unter demselben auf elendem Strohlager liegt, genötigt, drei bis vier Mal nächtlich seine Stelle zu wechseln, um den direktesten Störungen des schlechten Wetters zu entfliehen. Die Stuben sind niedrig, eng, mitunter ungedielt und meist schwarz und rußig, doch müssen sie oft für 3–4 Familien Unterkunft und Obdach gewähren. Das Klöppeln erheischt die höchste Geschmeidigkeit der Hände, und die Stuben müssen daher im Winter stets warm sein, da die geringste Steifheit der Finger die Arbeit stört; ja, man trifft häufig in den engen Räumen die Temperatur eines Dampfbades. Holz wurde bisher ungestört aus dem Walde geholt; der Boden trägt vielfach nichts anderes, und die Not hatte den Begriff des Holzdiebstahls aus der Sprache und aus dem Gewissen verbannt. Auch das ist in neuester Zeit anders geworden; die Wälder sind durch das in den Niederungen wachsende Bedürfnis mehr gelichtet worden, besonders der Eisenbahnbau hat direkt und indirekt unermessliche Holzmassen verbraucht. Der Besitzende hat sich bereichert, der Arme ist – wie immer – nicht nur leer ausgegangen, sondern das vergessene Gesetz, welches nur vom Besitzenden und für denselben gemacht ist, hat sich wieder gegen ihn gekehrt und bestraft den Holzdiebstahl.

Die Kleidung des Erzgebirges hat nichts Eigentümliches, wenn auch die Nachäfferei fremder Moden sie nicht zu dem Quodlibet gemacht hat, welches unsere Städte darbieten. Die Männer tragen gelbe Lederhosen, die bis ans Knie gehen, lange wollene Strümpfe und Schuhe oder hohe, bis an die Knie gehende Stiefel, sogenannte Schlappstiefel; doch ist das letztere Kleidungsstück seiner Kostbarkeit wegen selten; im Sommer betrachtet man überhaupt die Fußbekleidung als etwas Überflüssiges. Den Oberkörper bedeckt eine lange, bis auf die Hüfte reichende Jacke, Wams genannt, welche jedoch weniger Bekleidung des Mannes, als der ganzen Familie ist. Denn das Wams vertritt die Stelle des gemeinschaftlichen Mantels und während dasselbe im Sommer überhaupt in Ruhestand versetzt ist, dient es im Winter jedem, der die Hütte verlässt, als wärmende Hülle; sobald das Kind nicht mehr unter der Last erliegt und so groß ist, dass es nicht mehr darüber fällt, hat es auch ein Anrecht auf des Vaters Wams. Wo noch so viel Wohlstand herrscht, da besitzt der Mann auch einen langen blauen Tuchrock und kurze Tuchhosen, die aber fast nur dem Kirchenbesuch bestimmt sind, und die vereint mit einem großen runden schwarzen Filzhut den Staat ausmachen.

Die Frauen tragen ziemlich kurze, bunt gestreifte, wollene Röcke, eine Art Oberhemdchen von weißem Baumwollzeug mit kurzen bauschigen Ärmeln und ein buntes Kattunhalstuch. Strümpfe und Pantoffeln brauchen sie nur im Winter. Die Frauen lieben das Bunte, und wenn sie Sonntagsstaat besitzen, so besteht er in einem bunten Kattunkleid und einer Haube mit bunten Bändern; nur wenige junge Mädchen tragen gescheiteltes Haar ohne Kopfbedeckung; es wird ihnen dies aber als Eitelkeit, als Vornehmtuerei ausgelegt. Aus besseren Zeiten hat sich die Sitte erhalten, zur Kommunion nur im schwarzen Anzuge zu gehen und dazu, wo irgend möglich, ein seidenes Kleid zu besitzen. Das ist jedoch längst vorüber und nur wenige schwarze Kleider haben sich in den einzelnen Dörfern erhalten; diese aber sind gewissermaßen Gemeingut geworden, werden für den ausgesprochenen Zweck geborgt und gehen aus grauer Vorzeit auf Kind und Kindeskinder über.

Der Hang der Frauen zu Putz, bunter Kleidung und etwas Flitterstaat gibt dieselben einer großen Plage preis, dem Hausierhandel. Eine Schar Hausierer, Männer und Weiber, werden zur wahren Landplage für die armen Dorfbewohner; sie vermehren sich in neuester Zeit wie die Heuschrecken und haben viel zu der Not auf den Dörfern mit beigetragen, während in den Städten, wo dieser Handel teils verboten, teils nicht ergiebig ist, man wenig davon weiß. (...)

Die Nahrung der Erzgebirger besteht fast einzig und allein aus Kartoffeln, dort Erdäpfel genannt, in deren Bereitung sie eine wahre Virtuosität entwickeln und hundert

Dinge in der Pfanne und im Topf bereiten, um Abwechslung in die Speisen zu bringen. Traurige Selbsttäuschung! Es fehlt eben an dem, was Abwechslung gibt, an der Zutat, der Würze, der Beimischung; der Arme ist froh, wenn er nur Salz und das dürftigste Schmalz hat, und damit kann er nur die Form seiner Speise ändern. Eine große Rolle spielen die sogenannten Röhrenkuchen, kleine runde Kuchen oder Klöße, die in der Ofenröhre gebacken werden. Die Kartoffeln werden dazu gekocht, dann geschält und zu Brei geknetet, mit Salz und Schmalz gemischt und mit der Hand geformt. Diese Röhrenkuchen müssen besonders die Stelle der Semmel und Franzbrote beim Frühstück vertreten. Kann und will man sich eine besondere Güte tun, so gießt man Sirup auf diese Kuchen, oder einen braunen Rübensaft, den man ebenfalls Sirup zu nennen beliebt. Sogenannter Kaffee ist das einzige Getränk der Armen und wiederholt sich täglich drei Mal, morgens, mittags und abends; dieser Kaffee besteht aus einem langen Gebräu von Zichorie und klein geschnittenen gebrannten Rüben oder Wurzeln; er wird in großen irdenen Töpfen aufgetragen, und Einzelne verzehren eine unglaubliche Menge dieses Getränkes. Fleisch ist eine große Seltenheit, Brot ist ebenfalls ein Leckerbissen, und höchstens kommen einige Surrogate von Hafer vor, Butter kennt man fast gar nicht.

Dies ist das gewöhnliche Leben im Erzgebirge; von Spiel und Tanz, Volksfesten und Wohlleben, Erholung und Freude ist dabei nirgend die Rede, wenn es auch nicht an einzelnen Erscheinungen dieser Art fehlt. Das einzige Vergnügen besteht in dem gemeinschaftlichen Klöppeln an den langen Winterabenden, wobei man sich mit Erzählungen unterhält. Dieses gemeinschaftliche Klöppeln nennt man, »zu Rocken gehen«, eine Bezeichnung, die augenscheinlich auf eine Zeit hindeutet, wo die Industrie jene seitdem unendlich vermehrte Bevölkerung noch nicht heimgesucht hatte mit ihrem Segen und ihrem Fluche. Auch liegt diesen Zusammenkünften nicht bloß der angeborene Trieb der Geselligkeit, sondern die Sparsamkeit zu Grunde, indem man das Licht der kleinen, mit schlechtem rauchendem Öl gespeisten Lampe so nutzbar als möglich zu machen sucht. Zu dem Zwecke werden so viel sogenannte Schusterkugeln um das Licht gestellt, als die Gesetze der Refraktion[16] und die Erweiterung des Kreises gestatten, und jeder Schein fällt auf ein Klöppelkissen und ein Paar fleißige Hände.

In dieser einförmigen Dürftigkeit und dürftigen Einförmigkeit leben Menschen, denen die Natur den Rechtsbrief auf die Güter und Genüsse der schönen Erde so gut ausgestellt hat wie irgendeinem; so leben sie in einer Zeit, wo man fortwährend vom steigenden Wohlstande des Landes posaunt und sich anstellt, als ob das Menschenglück wie Pilze aus dem Boden schieße; so leben sie in einer Zeit, wo man das Christentum neu erfunden zu haben meint, welches doch gleiche Liebe, gleiche Pflichten und gleiche Rechte lehrt, und wo man vor lauter Christlichkeit den Kopf so rein verloren hat, dass für das Menschliche der Begriff und das Gefühl abhandengekommen ist; so leben sie in einer Zeit, wo man die Versuche zur Hebung dieser Übelstände nicht selten als Narrheit oder als Hochverrat verdächtigt und verfolgt: Oh, wir sind weit, sehr weit gekommen!

16 *Refraktion:* Lichtbrechung.

Doch nein, so leben jene Menschen nicht; so lebten sie, als sie noch »glücklich« waren, als sie Arbeit und Verdienst hatten und ihre »Genüsse« billig waren. Das ist eine schöne Vergangenheit, die wahrscheinlich nur noch in ihren Winterabenderzählungen lebt, wie ehedem schon der gewöhnlichste einfachste Lebensgenuss für sie in das Gebiet der Märchenwelt gehörte. Die Gegenwart hat alles geändert, alles verschlimmert. Denn der Absatz der Erzeugnisse ihrer Hand hat fast ganz aufgehört und ist von den Spitzen und Blonden, die um ein Viertel des Preises auf Maschinen gefertigt werden, vom Markte gedrängt. Das Klöppelwesen ist so herabgekommen, dass die geschicktesten und fleißigsten Arbeiter kaum 1 bis 2 Neugroschen täglich verdienen können und auch bei diesem Lohne noch oft feiern[17] müssen. Aus den Wohnungen sind die Bettstellen und die Betten mit den blau gestreiften Überzügen geschwunden und ein Haufen Stroh ist an ihre Stelle getreten, auf dem die ganze Familie ihre Ruhe sucht, wenn die Qualen des Hungers ihr solche gönnen. Fenster und Dächer sind elender geworden, aber das Holz fehlt, und an seine Stelle ist höchstens grünes Reisig getreten, welches mit Gefahr des Freiheitsverlustes zusammengetragen wurde und mühsam auf dem Ofen getrocknet werden muss; seine Ausdünstung verdirbt die Luft, sein Rauch macht die elende Wohnung vollends zur schwarzen Höhle und verdirbt den Armen die Augen. Die Kleidung ist zerrissen und in vielen Haushaltungen laufen die Kinder nackend umher, wie sie aus der Hand der Natur kommen. Aber die Natur hat sich wahrscheinlich auf die Bruderliebe und Barmherzigkeit der

17 *Feier, feiern* (mittelhochdeutsch *vire*, Festtag): Tage, an denen nicht gearbeitet wird oder (wie hier gemeint) nicht gearbeitet werden kann.

»christlichen« Bevölkerung und des »christlichen Staates« verlassen und ihnen keine Wolle wachsen lassen. Das väterliche Wams hält kaum noch zusammen, aber es hat eine neue wichtige Bestimmung erhalten: Es muss der ganzen Familie als einzige schirmende Decke dienen in den langen Winternächten. Die Kartoffel, das einzige Nahrungsmittel der Armen, ist seit zwei Jahren nicht geraten; sonst erzeugte der Arme sich dieselbe, indem er ein Stückchen Feld für einen geringen Preis oder für Dünger pachtete. Nachdem die Mutter Erde sogar ihn zwei Mal getäuscht und ihm für die gesunde Aussaat nur eine kranke unbrauchbare Ernte gegeben, ist er völlig erschöpft und vermag nicht mehr, Pacht und Aussaat zu erschwingen. Kartoffeln kaufen aber? Der Scheffel, der sonst 16–20 Reichsgroschen kostete, kostet jetzt drei Taler.

Ist es darum ein Wunder, wenn ganze Familien wochenlang keine andere Speise haben als einen Kleister von schwarzem Mehl, von zweifelhaften Bestandteilen und heißem Wasser bereitet, dem sogar die Würze des Salzes fehlt; dass andere einen Teil des Winters nur Suppe von Kartoffelschalen genossen haben, die sie zum Futter für eine Ziege aufgehoben hatten, die aber längst der Not zum Opfer fiel; dass das Fleisch krepierter Pferde und anderer Tiere beim Schinder gesucht und als Leckerbissen verzehrt wird? Dass die hungernden Eltern den herzzerreißenden Schrei ihrer Kinder nach Brot mit Prügeln beantworten müssen, um nicht völlig zur Verzweiflung getrieben zu werden; dass ganze Familien ihre Blöße nicht zu bedecken vermögen, obgleich sorgfältige Beamte dem reisenden Minister eine mühsam herausgeputzte Klöppelschule zeigten; dass die Mutter ihre

Säuglinge mit Blut stillen, weil der ausgehungerte Körper der Brust keine Milch mehr gab, und mit Blut fortstillen musste, weil sie dem Säuglinge weder Milch noch Semmel zu kaufen vermochte; dass die bleichen matten Gerippe, die man Menschen nennt, auf der Straße hinstürzen vor Hunger und dem Schicksal überlassen bleiben, ob sie sich wieder von selbst erholen oder nicht, da es niemand vermag, ihnen eine Labung zu reichen; dass Sterbende, die langsam verelendet sind und die der Tod bald zu erlösen verspricht, keinen anderen Gedanken und keinen anderen Wunsch haben, als sich nur noch einmal satt essen zu können auf dieser Erde, aber scheiden ohne Erfüllung dieses Wunsches; dass solche Wünsche die letzten Worte sind, welche die halb bekleidete Frau, der arbeitslose und arbeitsunfähige Mann, die nackenden Kinder am Sterbebett vernehmen, wo, abgesehen davon, was ihr menschliches Herz empfindet, sich zu den Qualen des Hungers noch das verzweifelnde Bewusstsein gesellt, dass hier ihr einziger Ernährer stirbt, nachdem er sich zu Tode gearbeitet und gehungert hat.

Das alles sind keine Fantasiegebilde, keine Übertreibungen; es sind Tatsachen, wie sie in Rittersgrün, Großpöhla, Wiesenthal und anderen Orten vorgekommen sind; Tatsachen, vor denen selbst die Beschönigungs-, Bemäntelungs- und Umnebelungsmanie verstummte, die gewöhnlich sofort laut wird, wenn irgendeine Erscheinung auftaucht, die ernstliche Zweifel darüber hervorruft, ob denn wirklich unser dermaliger Staat der »beste Staat« sei. Allerdings kann der Staat in seiner dermaligen Organisation sowohl, als noch mehr auf seiner dermaligen Grundlage dieses Elend nicht aufheben; allein wenigstens sollte er alle seine Kräfte anstrengen, zu mildern und vorzubeugen, wo er immer kann. Das Allermindeste, was man von ihm verlangen kann, wäre doch, die völlig Hilflosen nicht noch zu belasten. Allein diese grässliche Armut ist mit indirekten Steuern wirklich überlastet und muss von jedem kargen Bissen Abgaben bezahlen; Butter, Fleisch und Kartoffeln, die im nahen Böhmen weit billiger sind als im sächsischen Erzgebirge, müssen hoch versteuert werden – Wildbret, Fische und ähnliche Leckerbissen für die Reichen gehen steuerfrei ein; ebenso lag bis vor kurzem auf den trocknen Gemüsen eine hohe Abgabe, obgleich dieselben beim völligen Missraten der Kartoffeln unentbehrlich waren. Und während man diese ungerechteste und verkehrteste aller Steuern bestehen lässt und nicht imstande ist, den völlig entleerten Lebensmittelmarkt zu füllen, verweigert man ein so wichtiges und billiges Nahrungsmittel wie den Reis, durch Aufhebung des Eingangszolles auf den Markt zu bringen; ja, während die meisten Industriezweige so gesunken sind, dass sie kaum ihre fleißigen Hände noch nähren und dem Arbeiter die härtesten Entbehrungen auferlegen, nimmt man durch die völlig unrationelle Garnzoll-Erhöhung den darbenden Webern und Wirkern den schmalen Bissen zum Munde weg, um einige reiche Spinnereibesitzer, die meist durch eigene Schuld und falsche Veranstaltungen nicht vorwärts können, damit zu begünstigen. Es ist eine sehr verkehrte Welt! (…)

Die wenigen Männer, welche wie der Abgeordnete Schaffrath[18] die Forderung der Verarmungsfrage von einem höheren, zeitgemäßen Standpunkt auffassten und behan-

18 Wilhelm Schaffrath, Jurist, linksliberaler Politiker und zu jener Zeit Abgeordneter im Sächsischen Landtag.

delten, erhoben ihre Stimme vergebens; sie klang wie eine Stimme in der Wüste, unverstanden und ohne Widerhall in empfänglichen Herzen.

Was dem Erzgebirge fehlt, ist: Aufhebung des modernen Helotentums, Gewährung von Rechten im Staate und Arbeit. Die erstere kann, muss der Staat geben, die letztere schafft gewiss die Gesellschaft selbst besser. Solche Versuche misslingen in den Händen des Staates: Hat derselbe doch vor wenigen Jahren erst große Summen, angeblich 54 000 Taler, dazu verwendet. (…) Allein was geschah? Man kaufte mit dem Gelde den reichen Kaufleuten ihre Ladenhüter ab und den Armen kam nichts davon zugute. Viel wirksamer ist in dieser Beziehung das Bestreben des Kaufmanns Karl Heicke in Leipzig, der sich den Scherznamen »Vater des hungernden Erzgebirges« wirklich verdient hat, der einen Verein zustande brachte, welcher bereits die Mittel aufbot, mehrere hundert Arbeiter zu beschäftigen, und zwar zu dem in guten Zeiten üblichen Lohne; der aber sich die Mühe und Kosten nicht verdrießen lässt, selbst zu sehen und selbst zu handeln, so dass die Hilfe den Armen direkt zufließt, nicht unberufenen Mittlern, die in der guten Zeit von dem Fleiße der Armen so viel beiseite gebracht, dass sie das jetzige Elend ruhig ansehen können.

DIE DEUTSCHE PRESSE IM JAHRE 1842

Wie ein freundlicher heller Morgen nach langer trüber stürmischer Nacht – so zog das Jahr 1842 für die Presse am Himmel der Zeit herauf. Endlich, endlich schien man die wichtigste und bedeutendste Regung eines zivilisierten Staates in dem ganzen Gewicht ihrer Notwendigkeit anzuerkennen, endlich ihrem vollkommen rechtlosen Zustand ein Ende machen, endlich der feierlichen Verheißung des Artikels 18 der Bundesakte[19] – vorerst mindestens annähernd – entsprechen zu wollen. Und Preußen ging voran in diesem edlen Werke; Preußen, wo der Pressezwang eine Höhe erreicht hatte, dass der eigentliche Spiegel der Tagesgeschichte, das Zeitungswesen, der vaterländischen Tagesgeschichte gar nicht mehr angehörte; der Staat, den das Gesamtvaterland so gerne auf der Bahn des Fortschritts allen voranschreiten sähe und sieht, von dem aber in der letzten Zeit der stolze Ausspruch: »Preußen wandelt an der Spitze der Zivilisation« nicht mehr in allen Fällen angewandt werden konnte. Die Kabinettsorder vom 24. Dezember 1841 »über mildere Ausübung der Zensur« gestattete eine »freimütige Besprechung vaterländischer Angelegenheiten, insofern sie wohlmeinend und anständig sei«. Das war allerdings nicht viel, war weniger als selbst die Bundesbeschlüsse von

19 Die Deutsche Bundesakte war das Verfassungsgesetz über die Gründung des Deutschen Bundes. Sie wurde am 8. Juni 1815 während des *Wiener Kongresses* verabschiedet. In Artikel 18d der Bundesakte heißt es: »Die Bundesversammlung wird sich bei ihrer ersten Zusammenkunft mit Abfassung gleichförmiger Verfügungen über die Pressefreiheit und die Sicherstellung der Rechte der Schriftsteller und Verleger gegen den Nachdruck beschäftigen.«

1819, weniger als die Pressepolizeiverordnungen in manchen deutschen Staaten gewähren. Aber es war doch etwas; und dieses Etwas erschien bedeutend in einem Lande, wo es gar keine Besprechung vaterländischer Angelegenheiten mehr gab – fürstliche Reisen, Beamten-Jubiläen und Unglücksfälle etwa ausgenommen, und deshalb wurde es mit Freuden begrüßt. Ward auch diese Freude wesentlich getrübt durch das nur fünf Tage jüngere Verbot der Zeitschrift *Athenäum*[20], (...) so blieb doch die Freude vorherrschend, als sich eine Reihe von Erscheinungen daran knüpften, die wirklich das Beste hoffen ließen. Denn mit dem 1. Januar trat die *Rheinische Zeitung*[21] ins Leben, die gleich anfangs eine entschiedene freisinnige Richtung aufnahm, die Königsberger Zeitung begann unter der Überschrift *Inländische Zustände* eine Reihe von Besprechungen, die Freisinn und den Geist des Fortschritts atmeten; selbst in Berlin erschien eine Zeitschrift in zwangslosen Heften, *Der Patriot* von L. Buhl, die in durchaus mäßiger Sprache, aber mit rüstig vorwärtsstrebendem Sinne dem neuen Geist huldigte. Gegen die beiden ersteren Erscheinungen waren die Klagen über ungewöhnliche, jedes vernünftige Maß überschreitende Strenge der Zensur, die aus einigen Provinzen und besonders aus Schlesien erschallten, minderbedeutend und schienen nur in einem Missverständnis des klaren königlichen Willens ihre

20 *Athenäum. Zeitschrift für das gebildete Deutschland* war der Titel einer seit Anfang 1841 erscheinenden, liberalen Zeitschrift, die am 31. Dezember 1841 in Preußen verboten wurde.

21 Die *Rheinische Zeitung für Politik, Handel und Gewerbe*, deren Chefredaktion zuletzt Karl Marx innehatte, wurde am 1. Januar 1842 in Köln gegründet und im März 1843 durch die staatlichen Behörden verboten.

Ursache zu haben. Zwar versuchte man, gleich anfangs die Gewalt der freisinnigen Presse zu dämmen; die Zensur der *Rheinischen Zeitung* wurde mehrmals zur Strenge gemahnt, der freisinnige Zensor der Königsberger Zeitung, Oberlandes-Gerichtsrat Jarcke, schon im März seines Amtes entbunden und dasselbe dem Polizeipräsidenten übertragen. Aber der Geist der Zeitungen war stärker als seine Schranken, er brach sich Bahn trotz aller Strenge, und in Königsberg wurde sogar der ursprüngliche Zensor bald wieder eingesetzt. Daneben nährten verschiedene andere Neuerungen fortwährend die Hoffnung des Fortschritts. Die am 19. März angeordnete Beaufsichtigung der Leihbibliotheken war nur gegen unsittliche und unmoralische Bücher gerichtet; der am 7. April vom Oberpräsidenten verlangte Bericht über »Gehalt, Richtung, Leistungen und Einfluss der Journalistik« in ihren Provinzen zeigte, dass man sich in den höchsten Kreisen ernstlich mit der Presse beschäftigte; die Aufhebung des Verbotes der stockkatholischen Bücher der Manz'schen Buchhandlung in Regensburg am 11. April und des Verbotes gegen den Hoffmann und Campeschen Verlag am 8. Juni machten frühere Härten wieder gut; die Aufhebung der Bilderzensur am 28. Mai, weil dieselbe »jeder gesetzlichen Grundlage entbehre« und weder in »der Bundes- noch in der Landesgesetzgebung ein Anhalt dafür gefunden werden könne«, war ein weiterer Schritt zur Befreiung der geistigen Bewegung; (...) wenn auch das den Schriftstellern abverlangte Versprechen, dass sie nichts gegen die Religion, den Staat und die Sitte schreiben wollen, ein rein überflüssiges ist, da ja zur Verhütung solcher Dinge die Zensur da ist; endlich zeigte die Kabinettsorder vom 4. Oktober, durch welche die

Zensur für alle Schriften über 20 Bogen aufgehoben wurde, dass man wenigstens die Freiheit der Bundesbeschlüsse von 1819 zu gewähren bezwecke. Eine sehr störende Einrichtung bei dieser Befreiung war allerdings die Verordnung, dass derartige Bücher 24 Stunden vor der Ausgabe der Polizeibehörde übergeben werden müssen, damit diese zu etwa nötigen Beschlagnahmen Zeit und Gelegenheit habe. Mit dieser Kabinettsorder ist der Höhepunkt der der Presse gewährten Erleichterungen erreicht und eine Abneigung gegen dieselbe gibt sich nun immer entschiedener kund. Waren die ununterbrochen erfolgenden Bücherverbote schon ganz unvereinbar mit der eingeschlagenen Richtung, so erschienen nunmehr Maßregeln, die ein entgegengesetztes Ziel andeuteten. Schon am 12. September wurde der Oberlehrer Witt in Königsberg augenblicklich seines Amtes entsetzt, weil er auf die Aufforderung des Ministers, die Redaktion der Königsberger Zeitung – an die er durch Pflicht und Kontrakt gebunden war und die mit seinem Lehramt durchaus nicht in Berührung kam – nicht niederlegen wollte. Die Aufsätze, die unter der Überschrift *Inländische Zustände* früher in der Königsberger Zeitung erschienen waren, wurden verstümmelt oder unterdrückt (…); die Kabinettsorder vom 14. Oktober, die den Behörden aufgibt, Berichtigungen gegen irrige Angaben der Tagespresse zu erlassen, atmet eine unverkennbare Abneigung gegen die Tagespresse und eine Verkennung dessen, was sie kann und soll; sie spricht von »verderblichen Bestrebungen, Gift der Verführung, Täuschung und Lüge, Ausartungen« und dergleichen, während die junge Tagespresse kaum zum Bewusstsein ihres Daseins gekommen und die angebliche Wahrheit in Staatsdingen ihr noch sorgsam und tief verhüllt war. Im Oktober musste auch Dr. Rutenberg die Redaktion der *Rheinischen Zeitung* niederlegen, um einem von der Regierung genehmigten Redakteur Platz zu machen; im Allgemeinen häuften sich die Zensurverschärfungen, Mahnungen und Drohungen täglich, bis am Schluss des Jahres ein großer Schlag durch das Verbot der *Leipziger Allgemeinen Zeitung* geführt wurde. Können wir nun noch zweifelhaft sein über das Ziel, dem die preußische Presse entgegengetrieben wird? Wir können es nicht, wenn wir einige Wochen in das Jahr 1843 hineinblicken; dann finden wir auch die *Rheinische Zeitung* verboten, die Königsberger Zeitung moralisch zugrunde gerichtet; die Bilderfreiheit wieder aufgehoben, den harmlosen *Patrioten* sogar unterdrückt, und ein Zensurgesetz erlassen, welches in jeder Beziehung strenger ist als selbst die Verordnungen von 1819 und 1824. (...)

Außer in Preußen war nur in einigen deutschen Ländern die Presse noch Gegenstand der Tätigkeit der Gesetzgebung. In Sachsen trieb die Notwendigkeit dazu, denn die Verwirrungen und Plagereien der jetzigen Verordnungen hatten den Grad der Unerträglichkeit erreicht. »Die gegenwärtige Lage«, sagt die *Preßzeitung*, »der sächsischen und namentlich der Leipziger Zensur ist niemandem ein Geheimnis mehr. Jedermann weiß, welchen Beschränkungen die Leipziger Presse unterworfen ist, welche Ausnahmegesetze man für sie erfunden hat (...). Und das alles gerade in dem Hauptsitz und Stapelplatz des deutschen Buchhandels, der freilich unter diesen Umständen nicht mehr lange anstehen wird, sich einen neuen Herd zu suchen. Jede Woche, ja, es ist nicht zu viel behauptet, jeder Tag und jede Stunde bringt eine neue Gewalttätigkeit in dieser Art zum Vorschein, und es dürfte in ganz Leipzig nicht einen Verleger, nicht einen Schriftsteller geben, der sich nicht über eine ihm widerfahrene Zensurkränkung mit Grund zu beklagen hätte.«

Im gleichen Sinn sprechen außer den übrigen Zeitungen auch die Petitionen des Buchhändler-Börsenvereins, der Schriftsteller, Buchhändler, Buchdrucker und anderer Beteiligten Leipzigs. Und diesen allgemeinen, tief begründeten Klagen gegenüber gab die Regierung am 30. November einen Gesetzesvorschlag, der ebenfalls die Zensurfreiheit für Bücher über 20 Bogen aussprach, aber nicht gewährte, indem die vernichtende Bestimmung der Abgabe eine solchen Buches 24 Stunden vor der Ausgabe an das Zensur-Kollegium hier ebenfalls, und zwar noch schärfer als im preußischen Gesetz aufgestellt war. (...)

So stehen wir am Schluss des Jahres 1842 ärmer an Rechten für die Presse als am Anfang des Jahres, ärmer an Hoffnungen auf ein baldiges Besserwerden, ärmer an Aussicht, dass sich die Regierungen der gefesselten Presse annehmen werden, ärmer an Einfluss und Bedeutung für das Ausland, welches das moralische Gewicht eines Volkes notwendig nach dem Vertrauen abschätzen muss, welches die eigenen Regierungen ihm gewähren; welches die durchaus zensierte Meinungsäußerung eines Volkes unmöglich für eine freiwillige und selbstständige anerkennen kann. Aber wir stehen auch reicher da an mannigfacher Erfahrung, reicher an Vertrauen zu dem alles besiegenden Geist der Zeit, reicher an Überzeugung, dass der jetzige verworrene und rechtlose Zustand der Presse sich trotz aller Rückschrittsmaßregeln nicht halten lässt. Und so arbeiten wir freudigen und getrosten Mutes durch die gefesselte Presse selbst für die freie.

Aber wir haben noch einen gewichtigen Einwand zu erwidern, der vielleicht auch in unserem Leserkreis uns begegnen könnte. Man hat sorgsam und absichtlich die Meinung verbreitet, die Pressefreiheit sei eine Sache, um die sich nur Schriftsteller, Buchhändler und Buchdrucker bekümmern, die das eigentliche Volk nichts angehe. Dieser unheilvolle Irrtum hat allerdings seine Früchte getragen, indem er der Presse einen großen Teil der Teilnahme entzog, die sie verdient, und seine Beseitigung ist ebenso notwendig als pflichtgemäß. Denn die Presse ist dem ganzen Staat recht eigentlich das, was dem einzelnen Menschen die Sprache ist. Wer uns einen Knebel in den Mund legt, der verhindert uns nicht allein, unsere Wünsche und Bedürfnisse auszusprechen, sondern er raubt uns auch die edelste und wirksamste Waffe gegen jede Ungebühr, gegen jede Verletzung unseres Rechtes, unseres Eigentums und unseres Leibes. Und wer die Presse, den Mund des Volkes fesselt, sollte der ein minderes Unrecht am Ganzen und an jedem Einzelnen begehen?

Eine Verfassung ist ein festes, sicheres Gebäude, das Schutz bietet gegen alle Stürme des Lebens; aber eine Verfassung gibt nur die äußeren starken Mauern, der Ausbau fehlt, der das Gebäude angenehm und wohnlich macht. Dieser Ausbau aber besteht darin, dass des Bürgers Leben und Eigentum gegen jeden Eingriff sichergestellt werde durch eine schnelle, unter der unmittelbaren Aufsicht des Volkes stehende öffentliche und mündliche Rechtspflege; dass der Bürger, welchen Lebensberuf und welche Glücksgüter er auch haben möge, durch ein freies Wahlgesetz einen Einfluss, ja einen direkten Anteil an der Wahl seiner Vertreter hat; dass er zusammentreten darf zu jeder Zeit, an jedem beliebigen Orte und in jeder beliebigen Zahl zur gemeinsamen Beratung seiner Interessen, zur Verfolgung jeden gesetzlichen Zwecks; und endlich und hauptsächlich, dass das schnellste, natürlichste, zugänglichste, eindringendste, allverständlichste Organ seiner Wünsche, Bedürfnisse, Forderungen und Meinungen: die Presse frei sei und seine (des Bürgers) ganze und ungeschminkte Meinung aussprechen könne, ohne dass ein Beamter, ein Zensor sie erst entstelle.

Die Presse sei nicht für das Volk! Nichts im ganzen Staate ist so sehr für das Volk, so ganz nur für das Volk als die Presse. Wo soll denn der arme Arbeiter, der den ganzen Tag sich plagen muss, für sich und die Seinen, die Kenntnis von Staatsdingen, die ihm notwendig ist, hernehmen? Um in die Residenz zu gehen, wo die Kammern sind und des Landes Wahl beraten, hat er weder Zeit noch Geld, auch fehlt ihm die Bildung, um aus langen und weitläufigen Verhandlungen den Kern herauszuziehen. Die Presse aber bringt ihm das, was ihm frommt, gerade mundgerecht und in stiller Feierstunde im Kreise der Seinen kann er sich belehren. Wie soll der Arme Schutz und Hilfe finden, wenn Beamtenwillkür ihn drückt, ungerechte Abgabenverteilung ihn zu Grunde richtet, ein bestechlicher Richter sein Recht verdreht, sein reicher Brotherr ihm die Frucht seines Schweißes verkümmert? Zum Schneckengange des heutigen Rechtsweges hat er keine Zeit, die Advokaten zu bezahlen kein Geld, seine Sache selbst zu führen, keine Bildung: Die Presse aber ist sein Advokat, sie hat Zeit und Geld und Bildung für ihn, und indem sie dem Einen hilft, warnt sie zugleich Tausende und schützt sie vor ähnlichen Fällen. Wer soll den wenig gebildeten arbeitsamen Staatsbürger warnen, wenn ein Minister seinen Glauben anzutasten, zu verkümmern, zu verdrehen oder mit gefährlichen Elementen zu vermischen sucht; (...) oder wenn er eine engherzige und verderbliche Politik im Handel verfolgt, die das Wohlsein und die Existenz der Gewerbetreibenden gefährdet und aufs Spiel setzt? Die Presse muss die Hüterin und Wächterin des schlichten Bürgers sein in solchen Dingen und ihm ein leuchtendes Wahrzeichen ausstellen, das ihn warnt, zur Prüfung und Vorsicht ruft. – Deshalb ist die Presse recht eigentlich für das Volk, und in seinem Interesse muss sie frei sein. Denn nicht, was eine Regierung tut, ist das Gefährliche, sondern was sie tun kann; nicht die Beschränkungen, die die Zensur wirklich ausübt, sondern diejenigen, die sie möglicherweise ausüben kann, sind es, wogegen wir im Interesse des Volkes kämpfen.

Das ganze Volk ist ferner dabei beteiligt, dass kein Unrecht geschehe im Staat, denn geschieht ein solches heute hier, so kann es morgen auch dort geschehen. Die Bedrückung der Presse aber ist ein Unrecht. Der Staat darf seiner Natur und Einrichtung nach keine menschliche Kraft mehr einschränken, als es zum Wohle des Ganzen unumgänglich notwendig ist. Will er nun die Wirkung des Gedankens hemmen in seiner Verbreitung, oder den Gedanken erst beschneiden und zerstören, ehe er in die Welt geht, damit er ja niemandem Schaden bringe, so müsste er ja auch jede andere Kraft und Regung des Menschen binden, die anderen schaden kann. So gut wie das gedruckte Wort müsste er auch das Gesprochene zensieren, denn ich kann durch dasselbe lügen, verleumden, Gott und die Religion lästern, die gute Sitte beleidigen usw. Wie er meinen Mund fesselt, so müsste er mir auch Hand und Fuß fesseln, denn ich kann damit meinen Nebenmenschen schlagen, stoßen, erwürgen, treten, und mannigfach unglücklich machen. Und wie er mir endlich den Gebrauch der Presse versagt oder ihn nur unter steter Beaufsichtigung gestattet, so muss er auch den Gebrauch jeder anderen gefährlichen Maschine beaufsichtigen und darf niemandem den freien Gebrauch des Beiles, der Axt, des Messers und dergleichen erlauben, weil damit jeden Augenblick ein Mord verübt werden kann, also etwas weit Schlimmeres als die Presse jemals zu vollbringen vermag. Kann und darf er aber alle diese Beschränkungen nicht eintreten lassen, so kann und darf er auch die Presse nicht fesseln, und tut er es dennoch, nun, so begeht er eben nach dem Natur- und Vernunftrecht ein Unrecht. (...)

ÜBER DIE BILDUNG

Wenn die Aufklärung die Nebel entfernt hat, die den Verstand des Menschen umdunkeln; wenn die Belehrung diesen Verstand geschärft und zur Fähigkeit eigener Prüfung erhoben hat, dann erst ist der Bildung der Boden gewonnen, auf welchem sie wachsen und ihre segensreichen Früchte zur Reife bringen kann. Wie das Wort selbst schon zeigt, ist Bildung nichts anderes als die Gestaltung oder Umgestaltung eines Stoffes, folglich die Gestaltung des rohen sinnlichen Menschen, der uns wenig vom Tier verschieden erscheint, zu dem veredelten sittlichen, der uns die vollkommenste Gestalt der Schöpfung darbietet. Ist auch die Bildung unendlich verschieden nach der Menschenrasse sowohl als besonders nach den Einflüssen des Bodens und des Himmels, zeigt uns die Geschichte, dass die Bildung stets mehr gedeiht, wo der Boden nur nach mühsamer Bearbeitung den Menschen ernährt, als da, wo derselbe ihm ohne Mühe Nahrung und sogar Überfluss bietet; wenn auch die Bildung mächtiger fortschreitet, wo ein Volk nach seiner Lage in beständigem Verkehr mit anderen Völkern steht, als da, wo es abgeschlossen im Inneren des Landes lebt, so ist doch die Bildungsfähigkeit beim Menschen überhaupt nicht zweifelhaft, und sie zu fördern, ihr zu genügen überall Zweck und Pflicht der Gesamtheit und der dieselbe vertretenden Organe des Staates; wenigstens hat er die Vorbedingungen, ohne welche wahre Bildung nicht denkbar ist, zu schaffen und zu erhalten. Diese Vorbedingungen aber sind vor allem Schulen und Unterrichtsanstalten für alle seine Angehörigen in möglichst gleicher Güte und gleichem Umfang; denn wie die Bildung ein allgemeines Gut ist, zu dessen Genuss der Mensch den Anspruch durch seine Geburt empfangen, so muss die Möglichkeit, dieses Gut zu erlangen, ebenso allgemein sein. Mit der Herstellung der Lehranstalten für alle Fächer und Zweige menschlicher Tätigkeit und menschlicher Bedürfnisse, mit der Sorge also für Bildungsmittel tritt in Verein die Sorge dafür, dass diese Mittel nicht das Privilegium weniger Bevorzugter sind und ganze Klassen der Bevölkerung davon ausgeschlossen bleiben.

Grundfalsch ist in dieser Beziehung noch die allgemein herrschende Art des Schulwesens, wo das Geld die Türen aufschließt und besonders die sogenannten höheren Lehranstalten nur den Vermögenderen zugänglich sind, während man den Unterricht, welchen man dem Armen gewissermaßen als Almosen hinwirft, dergestalt beschränkt ist, dass er nur für die karge Notdurft ausreicht und die hauptsächlichen Quellen der Bildung ewig verschlossen bleiben. Wie die Sonne des Himmels für jeden da ist, der hinaustreten und sich ihrer erfreuen will, so muss das Licht des Geistes, welches die Bildung fördert und ausbreitet, jedem zugänglich sein. Mit der Herstellung und Erhaltung dieser Anstalten und ihrer Eröffnung für das ganze Volk aber ist auch die Aufgabe des Staates zu Ende; aus dem Samen, welchen sie ausstreuen, entwickelt sich die Bildung von selbst und wird in dem Grad vollkommener werden, als sie freier ist. Jede ihr gezogene Schranke, jede versuchte besondere Richtung im eigennützigen Interesse, z.B. im Interesse einer bestimmten Regierungsform, rächt sich selbst dadurch, dass sie den Segen der freien Bildung aufhält, in der das wirklich Gute am sichersten gedeiht, während das Schlechte auch in der einseitigen und zurückgehaltenen Bildung nur einen sehr vorübergehenden Schutz findet. Weltweise der alten und neuen Zeit haben den schönen Traum gehegt, dass auf dem Höhepunkt menschlicher Bildung Laster und Verbrechen aufhören, Gesetz und Strafe überflüssig sind, indem das höchste und deutlichste Gesetz eben in der Menschenbrust wohnt. Vergleichen wir die ungeheuren Fortschritte gebildeter Völker gegen ungebildete auf jedem Gebiet des Lebens, sehen wir, dass ein weit edleres, sittlicheres, vollkommeneres Geschlecht dort lebt, wo unsere immer noch einseitige und ungenügende Bildung die Herrschaft errungen hat, gegen die Gegenden, wo im Schoße wissenschaftlicher und sittlicher Finsternis die rohe Gewalt herrscht und die Menschheit als ihre Beute betrachtet, so können wir nicht verzweifeln, dass dieser schöne Traum dereinst wahr werde, und im Vorgenuss des unermesslichen Menschenglücks, welches mit ihm verwirklicht wird, ist es Wonne für den Denkenden, ein Scherflein beizutragen zur weiteren Ausbreitung allgemeiner Bildung.

ÜBER DAS PROLETARIAT

Im Allgemeinen aber muss die Wissenschaft der Gesellschaft die wichtigsten Veränderungen hervorbringen. Das Proletariat, der vierte Stand, der Stand der Besitzlosen, ist in der Wirklichkeit vollkommen rechtlos. Der Staat ruht mit einem großen Teil seiner Bedürfnisse auf demselben, indem bei der verhältnismäßig hohen Besteuerung aller Lebensbedürfnisse der Arme weit mehr Steuern bezahlt als der Reiche. Die Kinder der Armen müssen dem Staat die meisten seiner Verteidiger liefern, und er nimmt dieselben mit schonungsloser Härte; denn für den Armen ist die Dienstzeit, die ihn seinem Gewerbe entreißt, an und für sich sehr hart; dann ist es dadurch, dass sie es ihm für eine Reihe von Jahren unmöglich macht, durch Fleiß und Sparsamkeit etwas zurückzulegen, das einzige Mittel, wodurch er einst Selbstständigkeit erlangen kann; und endlich hat der Staat dem Besitzenden in dieser Beziehung manche Erleichterung durch Loskauf, Stellung eines Stellvertreters usw. gewährt, wovon der Arme von selbst ausgeschlossen ist. Und was hat der Arme für diese doppelte Belastung? Nichts. Der Besitzende hat überall in Staat und Gemeinde Rechte, Stimme und wirkliche Teilnahme am Staats- und Gemeindeleben erlangt; der Besitzlose erlangte nichts. Die Gleichheit vor dem Gesetz ist zwar Grundsatz in den meisten Staaten, aber tatsächlich ist sie für den Armen nicht vorhanden. Seine kleinen Rechtsstreitigkeiten kann er kaum vor unseren Gerichten entscheiden lassen, die Langsamkeit und Schwerfälligkeit der Verhandlungen, die Notwendigkeit eines Rechtsbeistandes und die Masse unvermeidlicher Kosten, Umstände und Versäumnisse machen ihm unsere Gerichtshöfe unzugänglich. Handelt es sich aber um ein Verbrechen, so kehrt sich nicht nur der Verdacht leichter und gewichtiger gegen den Armen als gegen den Besitzenden, sondern da, wo das Gesetz die persönliche Haft gegen Bürgschaft erlässt, da muss der Arme seine Freiheit – für ihn doppelt kostbar, weil ihm sein Alles, der Erwerb, mit derselben entzogen wird – zum Opfer bringen, weil er keine Bürgschaft zu bieten hat. In gesellschaftlicher Beziehung ist es überflüssig, auf die ungeheure Kluft aufmerksam zu machen, die zwischen dem Besitzenden und dem Armen sich öffnet. Alles, was der letztere braucht, muss er weit teurer bezahlen, weil er es nur in den kleinsten Quantitäten und niemals direkt kaufen kann. Unsere höheren Bildungsanstalten sind ihm verschlossen, schon deshalb, weil, trotz aller Stiftungen und dergleichen, der Arme seinem Kind weder die nötige Vorbereitung angedeihen lassen noch es bis zum Augenblick des redlichen Erwerbs ernähren kann. – Unsere veredelnden Kunstgenüsse sind ihm unzugänglich, weil sie teuer sind; selbst unsere Gesellschaften sind ihm verschlossen, weil die Verkehrtheit der Zeit die Besitzenden und Nichtbesitzenden schroffer geschieden hat als die ehemaligen Stände. Und entschädigt ihn etwa der materielle Lohn für alle diese Ungerechtigkeiten und Entbehrungen? Über diese Frage wahrlich ist jedes Wort überflüssig. Es ist niemandem ein Geheimnis, wie das unverhältnismäßige Übergewicht des Kapitals über die Arbeitskraft, wie die Konkurrenz unter den Arbeitern selbst und Umstände mancher Art den Arbeiter – besonders den industriellen – in eine Stellung gebracht haben, gegen welche Sklaverei und Leibeigenschaft insofern Vorzüge haben, als diese unfreien Zustände wenigstens die Nahrungssorgen ausschließen. Des Arbeiters Los, wenn er Arbeit hat, ist ein kümmerliches trauriges Dasein, wenn er keine hat: Hunger, Elend und Verzweiflung. Fragen wir uns ernstlich, ob diese Zustände fortbestehen können, so müssen wir uns sagen: Nein. Der Augenblick wird und muss kommen, wo auch der vierte Stand sein Recht erlangt, wo die Wissenschaft der Gesellschaft Geltung im Leben errungen hat. Möge es bald geschehen!

ÜBER SOZIALISMUS

Der Raum gebietet uns hier über den Sozialismus, den einen Zweig der Wissenschaft der Gesellschaft, abzubrechen, wie reich das Feld auch noch sein mag. Seine Lehren liegen in den vorstehenden Andeutungen: gerechtere Verteilung der Güter der Erde, nicht durch Gewalt, sondern durch friedliche Ausgleichung, Beschränkung der unheilvollen Übermacht des Geldes; genügender und entsprechender Lohn der Arbeit und des Verdienstes; Erhebung der sogenannten unteren Klassen zu gleichem Menschenrecht und gleichem staatlichen Recht. Es ist eine Lehre, die, nicht nach den vorliegenden Formen, sondern nach dem Inhalt, jeder Menschen- und Freiheitsfreund bekennen muss, deren Verwirklichung die Gestaltung der Gesellschaft fordert, täglich gebieterischer und notwendiger macht, in der das einzige Heil der Zukunft, die einzig wahre Gerechtigkeit liegt.

Es ist auffallend, dass unter den mächtigen Fortschritten des menschlichen Wissens in jeder denkbaren Sphäre die Gesellschaft in ihrem fast ursprünglichen Zustande geblieben ist, indem sie sich in dem engen Kreis der Familie trennt und dort mit verhältnismäßig ungeheuren Kosten alles besorgt und anschafft, was in der Vergesellschaftung unendlich billiger und besser zu haben wäre. Auf diesem Gebiet kann man also dem Sozialismus – der ja das Familienleben keineswegs aufhebt, sondern demselben vielmehr größere Reize, Bequemlichkeiten und Genüsse verheißt – eine bedeutende Zukunft vorhersagen.

DIE WUNDER DES HEILIGEN ROCKES[22]

Ja, der heilige Rock hat Wunder getan! Wer daran zweifelt, der muss taub sein gegen alles, was um ihn vorgeht. Sind es auch diejenigen nicht, welche die Luxemburger Zeitung in einem besonderen Heftchen der Nachwelt aufbewahrt hat,

22 Der Heilige Rock ist eine Reliquie, die im Trierer Dom aufbewahrt wird und Fragmente der Tunika Jesu Christi enthalten soll. Die Echtheit des Heiligen Rockes ist höchst umstritten.

so sind es doch andere. Jene elf – am Rhein die Narrenzahl – Wunder zeigen nur, wie verblendet der ultramontane Geist in seinem Übermut, wie sicher er in seinem Siegesbewusstsein, wie rücksichtslos er in seinen öffentlichen Verdummungsversuchen war. Denn alle diese Wunder sind so plump angelegt, so offen liegt die Absicht vor, dem großen götzendienerischen Gaukelspiel Zulauf zu verschaffen, so lächerlich und unsinnig sind diese Sachen in sich selbst – wie zum Beispiel, dass die Josephine Wagner von Alsten, die täglich 20–24 mal an der Epilepsie litt und seit dem zwölften Jahr den Verstand verloren hatte, ihre Hoffnung und Vertrauen auf den heiligen Rock setzte und geheilt wurde –, dass man fast mehr empört ist über die Unverschämtheit, mit welcher hier aller Vernunft Hohn gesprochen wird, als über die heillose Veranstaltung selbst.

Wahr ist allerdings das behauptete Wunder, dass man »Leute gesehen, die, dem heillosen Unglauben ganz verfallen, vor dem heiligen Gewande von dem Lichte der christkatholischen Lehre erleuchtet und erwärmt worden«, denn Tausende haben sich mit Entsetzen abgewandt von dem römische Pfaffentrug, von der lügnerischen und heuchlerischen Trierer Finsternis zu dem reinen und göttlichen Lichte der wahren christ-katholischen Lehre.

Auch das Wunder mag unberücksichtigt bleiben, dass die äußersten Spitzen der Meinung in unserem Vaterland die ungeheure Wichtigkeit dieser Erscheinung und ihrer Erörterung verkennen oder sich wenigstens so anstellen. Die Freien, Philosophen, Radikalen oder wie sie sich sonst nennen und genannt werden, sehen ein »philisterhaftes prinziploses Treiben« in unseren Erörterungen, welches »nach den Wünschen und im Interesse der Gegner des Fortschritts die Teilnahme von den politischen Fragen der Gegenwart abwendet«.

Als ob es in unserer Zeit noch möglich wäre, das kirchliche und politische Interesse zu trennen! Als ob die Feinde des Lichtes im Staate und in der Kirche nicht brüderlich Hand in Hand gingen bei dem Werke der Knechtung der Geister, eingedenk des wahren Goethe'schen Spruches: »Duckt er da, folgt er uns eben auch!«, als ob nicht das zu frühzeitige kecke Triumphgeschrei nur zu klar bewiesen hätte, wie sicher und stark man sich wähnte; als ob die Presse eine Erscheinung unbeachtet liegen lassen durfte, welche die Gemüter des Volkes so tief bewegt, wie es diese Rockfahrt und ihre Folgen unwidersprechlich getan! Diese Menschen, welche ein so wesentliches Bewegungsmoment der Gegenwart so arg verkennen können, haben das wirkliche Leben nie gekannt; sie wollen die Weltgeschichte in Sprüngen und Purzelbäumen bewegen und haben noch niemals gelauscht, wie sie schreitet.

Die andere äußerste Meinung:
Die ultramontanen Katholiken einerseits und die leonisch-kirchenzeitungslichen stockfinsteren Protestanten andererseits spielen nur Komödie; die Ersteren sehen gar zu gern eine Sache vorerst vergessen, bei der für sie nichts mehr zu gewinnen ist, die Anderen schmerzen die Streiche, die der schwesterliche Stockkatholizismus erhält. Möchte man doch so gern die Mittel, welche der römische Katholizismus zur Unterwerfung der Geister besitzt und anwendet, im eigenen Hause einführen! Möchte man doch so gern die dreihundertjährige Trennung vergessen und aufheben um den Preis der wiederhergestellten Allgewalt.

Endlich sei auch des Wunders nicht gedacht, dass der neuzeitliche Tetzel[23] zu Trier trotz der erlittenen entschiedenen Niederlage noch den Mut hat, ein jährliches Fest zur »Verehrung des heiligen Rockes, der heiligen Nägel und der heiligen Lanze« zu veranstalten. Diese Liebhaberei des »Besiegten, der auf der Flucht ein Siegeslied anstimmt«, ist harmlos und unschädlich; es ist ein Gemisch von Verzweiflung und Hoffnung: Verzweiflung über die Vereitelung so stolzer Entwürfe, Hoffnung auf das gewohnte Zurückgehen in das alte Gleis und alsdann zu erringende neue Erfolge.

Das wahre Wunder, welches der heilige Rock zu Trier gewirkt, ist, dass er endlich auch die verblendetsten Geister aufgescheucht aus der Ruhe des Nichtstuns, dass er auch dem Befangensten den Schleier gerissen vom getrübten Auge und dem schlichten Worte der Wahrheit einen jubelnden Einzug bereitet in Millionen Herzen. Dass er den Bann gelöst, in welchem Rom uns gefesselt hielt, und mit der Fackel der Vernunft uns die Bahn beleuchtet, die wir zu wandeln haben, wenn wir die Finsternis besiegen wollen auf ewig, in welche man uns versenken wollte. Soll die schöne Erhebung, welche alle denkenden Katholiken des Vaterlandes beseelt, spurlos verschwinden, wie so manche frühere Anregung? Wollen wir den Finsterlingen zeigen, die Schwachen unter uns aufs Neue in Fesseln zu schlagen? Glaubensgenossen! Die angeordnete festliche Erinnerung an die große Rockfahrt, die »Verehrung« der heiligen Nägel und der heili-

23 Mit »neuzeitlicher Tetzel« ist der Trierer Bischof Wilhelm Arnoldi gemeint. Johann Tetzel (ca. 1460–1519) war ein deutscher Dominikaner und Ablassprediger. Seine Ablasspredigten stellten den Anlass für Luthers gegen den Ablass gerichteten 95 Thesen dar.

gen Lanze zeigen uns deutlich, was man sinnt. Es gibt nur ein Mittel, das Joch abzuwerfen, welches jetzt nur noch locker auf unserem Nacken liegt; es heißt: Trennung von Rom, Aufhebung der Ohrenbeichte und des Zölibats (der Ehelosigkeit der Priester).

Glaubt nicht der Lüge, dass wir die heiligen Lehrsätze unseres Glaubens angreifen und vernichten wollen, welche die Finsterlinge verbreiten in ihren knechtischen Organen; wir sind Katholiken und wollen es bleiben, wir wollen nur endlich aus unserer Kirche entfernen, was der gesunden Vernunft und der Natur, der Würde und Ehre des Menschen, der Wissenschaft und unseren Glaubenslehren, unseren Pflichten als Menschen und Christen gegen uns selbst wie gegen unsere Mitmenschen, unsere Fürsten und unser Vaterland gleichmäßig widerstreitet. Solcher Art aber ist die Oberherrschaft Roms, solcher Art ist die Ohrenbeichte und die Ehelosigkeit unserer Priester.

Denn die Oberherrschaft Roms über unsere Kirche ist keineswegs eine göttliche Einsetzung, wie es die Römlinge uns lügnerisch lehren und lehren müssen; sie ist vielmehr eine Anmaßung unbändigen Ehrgeizes und unmäßiger Herrschsucht. Über drei Jahrhunderte nach Ausbreitung des Christentums erst entstand die Macht des römischen Bischofs; durch List und Ränke war sie begründet, durch Betrug, Falschheit und Gewalttat wurde sie gefestigt und durch Blut und Verbrechen aller Art erhalten und ausgebreitet. Erst im siebten Jahrhundert unter Gregor I., dem sogenannten »Großen« (590–614), wurde sie in weiten Kreisen anerkannt; 710 küsste der schwache Kaiser Justinian II. zum ersten Mal die Füße des Papstes Konstantin II.; Karl der Große hatte die Schwäche, sich vom Papst zum Kaiser weihen zu lassen und reiche Gaben dafür zu bewilligen; von diesem Augenblick an stieg die Macht der Päpste, aber auch der Widerspruch gegen dieselbe, und unsere griechisch-katholischen Glaubensgenossen z.B. unterwarfen sich ihr nie. Und wie weit sich die Herrschbegier der Päpste verstieg, davon gibt neben tausend anderen Beispielen der Kaiser Heinrich IV., der barfuß und im Büßerhemd im Hofe zu Canossa stand, während der übermütige Gregor VII. hohnlachend aus dem Fenster auf ihn herabblickte, einen Fürsten und Völker abschreckenden Beweis.

Auch die Ohrenbeichte ist eine Einrichtung der Päpste; die ersten Christen kannten sie nicht, im dritten und vierten Jahrhundert erst kommt die Beichte einzeln vor, indem die Sünder entweder öffentlich vor der Gemeinde oder heimlich dem Priester bekannten und öffentlich abbüßten. Im fünften und sechsten Jahrhundert wurde die Ohrenbeichte mehr und mehr zur Gewohnheit, aber erst der für die Ausbreitung der päpstlichen Macht äußerst tätige Innocenz III. erhob sie zum Kirchengebot, und 1216 bestätigte das Konzilium zu Trient seine tyrannische Einführung. Aber viel Blut musste fließen, viele Menschenleben mussten geopfert, viele Widerstrebende vernichtet werden, ehe die Christenheit sich der despotischen Einrichtung fügte.

Endlich ist die Ehelosigkeit unserer Priester nicht von Gott, sondern ebenfalls durch die Herrschsucht der Päpste eingesetzt. Bis zum Jahre 314 heirateten unsere Priester, wie es ihnen gefiel; dann wurde festgesetzt, dass der Priester als solcher nicht mehr heiraten solle, jedoch die vor der Weihe eingegangene Ehe fortsetzen könne; so blieb es bis ins 11. Jahrhundert und so ist es noch heute in der griechisch-katholischen Kirche. Erst 1074 gebot Gregor VII. die Ehelosigkeit der Priester, die Geistlichkeit aber widersetzte sich, nannte sein Gesetz »wahnsinnig, unchristlich, ketzerisch, naturwidrig und tyrannisch« und fügte sich nicht. Mehrere Konzilien bestätigten zwar das grausame Gebot, aber zugleich wurde das Konkubinat eingeführt, und zwar zum Teil gesetzlich gestattet, zum Teil geduldet. Die katholische Geistlichkeit wurde dadurch ein Gegenstand des öffentlichen Ärgernisses und blieb es bis zur Reformation.

Diese Andeutungen, welche mit unzweifelhaften Beweisen aus der Geschichte und der Wissenschaft unterstützt werden können, zeigen, dass Christus niemals an diese drei unheilvollen Erfindungen Roms gedacht hat, dass sie Geburten päpstlicher Willkür und Anmaßung sind, die jedes anderen Rechtsbodens entbehren. Wären aber auch diese Einrichtungen unzweifelhaft gesetzlich, nicht bloß Ausflüsse tyrannischer Gewalt, müssten sie dann ewig bleiben? Dürfte die mündig gewordene katholische Christenheit nicht endlich daran rütteln? Wenn sie das nicht darf, so müssen wir unsere Geschichte vernichten und zurückkehren in die Nacht des Mittelalters, denn die Leibeigenschaft, die Frohnden und Lasten, die ganze Rechtlosigkeit des Volkes wenigen Bevorrechteten gegenüber war wenigsten ebenso gesetzlich als Roms tyrannische Gewalt. Nein, wir dürfen nicht allein, wir müssen endlich das Joch zerbrechen, welches so lange auf uns gelastet hat. Roms Oberherrschaft, die Ohrenbeichte und das Zölibat bilden vereint die eherne Kette, an welche die katholische Christenheit geschmiedet ist zur schmachvollen Dienstbarkeit des fremden Papstes: Roms Oberherrschaft knechtet Sinn und Gedanken, vernichtet jede geistige Freiheit und Selbstständigkeit des Katholiken und löst ihn ab von der Menschheit, vom Vaterland, von der Familie. Die Ohrenbeichte wacht über jede leise Regung gegen diese Knechtschaft und schüchtert ein, ermahnt, droht und verdammt die Versuche, sie abzuschütteln. Ein abgeschlossener, mit der Welt und den Menschengefühlen durch nichts zusammenhängender Priesterstand aber ist der dienstwillige Förderer römischer Gebote und römischer Interessen, denn sie sind das Einzige, was ihn noch ans Leben fesselt. Dazu kam in finsteren Zeiten – und leider zum Teil auch noch in unseren Tagen – der jesuitische und mönchische Unterricht, der die Seele der Jugend vergiftete und zur Knechtschaft erzog, und als Schlussstein die Inquisition, an welche Beichtstuhl und Priesterschaft jeden Gedanken und jeden Denkenden lieferten – und die vollständige Entmündigung und Entwürdigung der Menschheit war vollendet.

Glaubensgenossen! Wollen wir länger diese Knechtschaft tragen? Unsere Väter haben den äußeren Feind bekämpft, der unser Vaterland unterjochte – Rom hat im Frieden seine Fremdherrschaft umso fester begründet. Wir selbst haben vor wenigen Jahren einer dem Vaterland drohenden Gefahr kampfesmutig entgegengeblickt, die zuletzt nichts war als eine heillose Täuschung unseres Nachbarvolkes, um ihm die Zwingburgen wiederzugeben, die seine Freiheit bedrohen. Rom sitzt tief in unserem Land und arbeitet fortwährend an unserer Unterdrückung. Jener äußere Feind nahm höchstens ein Stück unseres Landes – Rom strebt nach dem Ganzen. Der äußere Feind brachte uns mindestens ebenso freie Gesetze als wir besitzen – Rom bringt nur Finsternis und Knechtschaft und strebt nach der Vernichtung der Freiheiten, die wir errungen haben. Der äußere Feind nährte und stärkte unsere Vaterlandsliebe und unser Nationalgefühl – Rom verdammt beides, wenn es seinem Interesse entgegen. Der äußere Feind hätte unsere staatliche Entwicklung befördern müssen – Rom duldet die gegenwärtige staatliche Gestaltung nur gezwungen und hat die ganze Grundlage unseres Staatslebens nicht anerkannt, ja zum Teil ausdrücklich verdammt. Der äußere Feind knüpfte das Band zwischen Fürsten und Völkern fester, indem er dieselben zu einem Interesse vereinte – Rom muss diese Einigkeit lockern und trennen, weil sie seinem Interesse feindlich ist. (...) Rom hetzt den Bruder gegen den Bruder, den Gatten gegen die Gattin, den Sohn gegen den Vater, wenn nicht alle seinem Willen sich beugen.

Ist das alles übertrieben? Oh, ich könnte hinweisen auf eine anderthalbtausendjährige Geschichte, die auf jedem Blatt mit blutigen Zügen Beweise meiner Behauptungen liefert. Aber seht nur hinüber auf die heutigen Ereignisse in Wallis und Luzern, seht wie viel Rechtsverletzungen, Gewalt, Nichtswürdigkeit und Frevel Rom mit seinen Jesuiten dort ausübt, wie viel Blut sie vergossen haben, wie rücksichtslos sie herrschen in ihrem Übermut. Ja, nehmt nur irgendein Zeitungsblatt unseres Vaterlandes aus den letzten sechs Jahren in die Hand – ihr findet keines, welches Euch nicht Kunde von Unfrieden, Hader, Zwiespalt, Unzufriedenheit oder Unglück bringt, die Rom gesät hat.

Soll ich noch über die Verderblichkeit der Ohrenbeichte sprechen? Jene finstere Einrichtung, die die Bande des Blutes zerreißt und den Frieden der Familien stört, das Vertrauen vernichtet und den einen Menschen – den Priester – an »Gottes Stelle« setzt und den anderen – den Beichtenden – dem Ersteren willenlos unterwirft? Dieses gleißnerische unmoralische Mittel der Besserung, welches die Menschenfurcht setzt an die Stelle der Furcht Gottes. Oder ist es ein Mittel wahrer Besserung, welches mit Fragen, die der Unschuldige nicht zu beantworten weiß, der Schuldige ohne die Regungen wahrer Reue beantwortet, jenen erst aufmerksam, neugierig, lüstern nach der Sünde macht, diesen aber in gedanken- und gemütloser Wiederholung schon oft gemachter Geständnisse gegen ihren Inhalt, gegen seine Vergehen gleichgültig, für seine moralische Wiedergeburt unfähig, gegen die Stimme des Gewissens taub und nur gegen die fragenden Priester folgsam werden lässt? Frage sich doch jeder Katholik selbst, ob ihn die Furcht Gottes und das Bewusstsein des Unrechts oder die Furcht vor der Beichte ihn beim Sündigen geschreckt, bis er endlich entweder stumpf und gleichgültig der Form genügte oder aber sich freiwillig ausschloss vom Abendmahl.

Oder soll ich das Unglück, das Elend, die Leiden des ehelosen Priesters schildern? Des Unglücklichen, in welchem der edelste, schönste, erhabenste, begeisterndste Teil der menschlichen Empfindungen, die beseligende Liebe des Mannes zum Weibe, gewaltsam zertreten ist; die mitten im blühenden Leben stehen als erzwungene Mumien? Deren warmes fühlendes Herz man mit ausgesuchter Grausamkeit gefesselt hat in der mächtig pulsierenden Brust. Die man abgeschnitten, losgerissen von der Menschheit, deren Trost und Erhebung sie doch sein sollen! Nein, kein Wort von den namenlos Unglücklichen, aber die Tat für sie und uns!

Gemeinsame Befreiung der Unterdrückten! Sie werden uns danken mit jubelndem tränenfeuchtem Blick!

Glaubensgenossen, es tagt! Der Morgen einer besseren Zukunft naht heran, sein glühender Flügelschlag weht erfrischend und belebend um unsere Häupter! Wollen wir ihn verschlafen, um nach kurzem Tag zurückzusinken in die lange finstere Nacht? Arnoldi hat das Fest des heiligen Rocks, der heiligen Nägel und der heiligen Lanze angeordnet: es wird das Siegesfest über den zertretenen Gedanken, über die vernichtete Geistesfreiheit, über die gefesselte Vernunft sein. Gestaltet es um, dieses Fest! Es werde das Traueramt der aufgehobenen Hierarchie. Rufen wir es als ein Zeugnis unserer Bildung, unserer Menschenwürde, unserer geistigen Freiheit jubelnd in die Welt: Trennung von Rom. Aufhebung der Ohrenbeichte und des Zölibats! Eine deutsch-katholische Kirche.

Und Ihr, Glaubensgenossen in dem geisteshellen Sachsen, geht voran auf der leuchtenden Bahn. Ihr habt eine Sünde der Geschichte zu sühnen; sühnet sie! Einst war Sachsen die Wiege der Kirchenverbesserung, die durch Roms Schuld Zwietracht, Spaltung, Krieg und Blut über unser Vaterland brachte. Lasst es die Wiege einer zweiten Verbesserung sein, die Eintracht, Liebe, Brudersinn, Frieden und Glück bringe über unser Vaterland für ewig! Umarmt mit dem Losungswort unserer protestantischen Brüder: Trennung von Rom! Aufhebung der Ohrenbeichte und des Zölibats. Eine deutsch-katholische Kirche. (...)

ÜBER DIE GLAUBENSFREIHEIT

Ist der Glaube nichts anderes als ein Fürwahrhalten von Dingen, die man eben nicht weiß; ist er folglich ein inneres Bedürfnis des Menschen, welches er eben sowohl gar nicht als im ausgedehntesten Maße haben kann; und kann die spitzfindigste Klügelei kein Moralgesetz aufstellen, nach welchem der Mensch ein gewisses Maß von Wissen haben muss, welches er im Notfall durch Glauben zu ersetzen hat; so ist es ein völliger Unsinn, den Menschen irgendeinen Glauben vorschreiben zu wollen. Der Glaube ist wie die Freundschaft, wie die Liebe, wie der Hass: ein Gefühl, welches sich weder befehlen noch vernichten lässt; weder das Kleinste noch das Erhabenste der Körper- oder Geisterwelt kann dem Menschen als notwendiger Gegenstand des Glaubens dargestellt werden, wenn seine Erkenntnis ihn nicht zur Überzeugung bringt oder sein inneres Bedürfnis ihm den Glauben nicht aufzwingt, so glaubt er nicht, und wenn die Welt aus ihren Angeln brechen sollte. Die Forderung irgendeines Glaubens rührt vom Dünkel der Kirche her, Wahrheiten besitzen oder entdeckt haben zu wollen, die unwidersprechlich und unverkennbar sind, und von dem heillosen Wahn oder vielmehr der anmaßenden Behauptung, dass, wenn der Mensch diese Wahrheiten nicht erkennen könne, er sie dennoch glauben müsse. Diese aller Natur, aller Vernunft und aller Erfahrung gleichmäßig widersprechende Forderung hat mehr Unheil über die Menschen gebracht als irgendein anderer Wahn, der jemals geherrscht hat. Und wie mildernd auch die zunehmende Bildung eingeschritten ist gegen dieselbe, überwunden ist sie noch lange nicht; der heutige Staat wurzelt noch ganz auf dem Grundsatz der Kirche und zwingt seinen Angehörigen einen gewissen Glauben auf; oder da er dies nicht kann, so zwingt er sie, einen Glauben zu heucheln und vergiftet dadurch ihr sittliches Gefühl. Jede religiöse Abgeschlossenheit, jedes Bekenntnis, jede Konfession beruht eben auf dem Glauben oder vielmehr auf dem Glaubenszwang; der Staat aber fördert und nährt diesen Zwang, sobald er den Genuss angeborener Rechte von einem Glauben oder vielmehr von dem äußerlichen, oft und meist bewusstlosen oder heuchlerischen Bekennen zu einem Glauben abhängig macht. Es widerstreitet der Glaubensfreiheit ganz entschieden, dass ein Kind in eine Religionsgemeinschaft, d.h. in einen Glauben gezwungen wird; es widerstreitet ihr entschieden, das den Kindern Glaubenslehren als Wahrheiten in der Schule aufgezwungen und eingetrichtert werden, die sie weder prüfen noch begreifen können; es widerstreitet ihr entschieden, dass dem jungen Menschen die Wahl des Lebensberufes verschlossen wird, wenn er sich nicht öffentlich zu einem Glauben bekennt, welchen er in der Wirklichkeit nicht haben kann, da seine Erkenntnis noch nicht ausgebildet, sein inneres Bedürfnis noch nicht vollständig erwacht ist. Und warum dieser Glaubenszwang vom ersten bis zum letzten Schritt dieses Lebens? Weil, wie die Kirche sagt, der Glaube an Gott notwendig ist zum zeitlichen und ewigen Heil. Aber diesen Gott, der allmächtig ist, der aus jedem Grashalm, aus der kleinsten Lebensregung der Natur zu uns spricht, den der Denkende angeblich nicht verkennen, nicht ableugnen kann; diesen Gott, der das Licht und die Wahrheit selbst ist – ihn glaubt man mit der elenden Menschenkraft, mit dem beschränkten Einzelverstand unterstützen, ihn dem Menschen aufzwingen und einimpfen zu müssen wie das Gift der Blattern, ihn durch das unsittliche Mittel der Geistesknechtung bei seiner Herrschaft erhalten zu müssen! Wenn dieser große, unendliche, allmächtige Gott vom Menschen, seinem schwachen Geschöpf, gelästert und beleidigt werden kann, so ist dieses Gebaren jedenfalls die größte Beleidigung und Gotteslästerung. Von den weiter liegenden, oft an das Gebiet des Wahnsinns streifenden Forderungen, dass es zum zeitlichen und ewigen Heil notwendig sei, zu glauben, dass eins drei und drei eins sei, dass eine Jungfrau Mutter sein könne, dass ein Gott vom Geistlichen gemacht werden und in einem Stückchen Brot stecken könne, dass ein Mächtigerer als der Allmächtige, der Teufel nämlich, das schlechte Wetter mache und alle Übel in die Welt bringe usw., sei hier gar nicht die Rede; aber man vergesse nicht, dass auch diese Dinge dem Menschen aufgezwungen und eingetrichtert wurden und werden, dass auch sie Gegenstand des Glaubens waren und sind. Glaubensfreiheit und Gewissensfreiheit, d.h. heißt das Bewusstsein, weder etwas tun zu müssen, was das sittliche Gefühl beleidigt, noch etwas bekennen zu müssen, was man weder weiß noch glaubt, will die Welt und bedarf die Menschheit, wenn sie frei und glücklich werden will; aber Glaubensfreiheit und Gewissensfreiheit wird sie trotz aller Verfassungsbestimmungen, Gesetze, Patente und Versicherungen niemals haben, solange der Staat sich einbildet, er müsse christlich sein, solange die Kirche etwas anderes ist, als eine freie Vereinigung Einzelner, die sie wollen und bedürfen, und solange die Schulen, statt einfach den wachsenden Menschen zu bilden und zu unterrichten, danach nur trachten, christliche Rekruten abzurichten.

DIE TEILNAHME DER WEIBLICHEN WELT AM STAATSLEBEN

Die Frauen sind die Trägerinnen der jedesmaligen Volkssittlichkeit. (...) Ändert sich die Sittlichkeit? Ganz gewiss! Denn welches Prinzip ist bis jetzt ewig bleibend gewesen? Welches konnte aber auch ewig bleibend sein, da jedes schließlich seine Schranke und Endlichkeit herauskehren muss. Es gibt kein *perpetuum immobile,* wohl aber ein *perpetuum mobile,* nämlich den Geist: Es liegt im Wesen der Geschichte oder, wie ein öffentliches Blatt sich neulich richtiger ausdrückte, der menschlichen Natur, in steter Bewegung zu sein, sich im ewigen Wechsel ewig zu verjüngen und so immer vollkommenere Entwicklungsphasen hervorzutreiben, eine Ansicht, die übrigens auch in den biblischen Worten liegt: Es muss Ärgernis kommen.

Und worin besteht nun die heutige Volkssittlichkeit? Offenbar in der Teilnahme aller Einwohner des Staats am Staat; dies ist die *summa fidel,* das Ideal des Strebens. Es ist also nicht bloß auf die Frage, ob es ein Recht sei, am Staat teilzunehmen, zu erwidern, es sei eine Pflicht, wie es neulich ein öffentliches Blatt tat, nein, es ist ausdrücklich zu sagen, dass es unsittlich sei, dies zu unterlassen. Es ist nicht mehr das Höchste für den Menschen, seiner Familie Wohl zu wollen und zu sorgen, dass seine Haussöhne und Töchter ein gutes Auskommen erhalten, eine gute Karriere machen, respektive glücklich (was man so nennt) verheiratet werden; diese Art und Weise, für den Menschen nur als Einzelnen zu sorgen, heißt vielmehr mit Recht philisterhaft. Die Teilnahme an der Gemeinde, am Staat und an den Staaten oder

der Menschheit, das erst macht heutzutage den Menschen zum Menschen. Wenn alle Menschen hierzu berufen sind, in welcher besonderen Weise werden dann die Frauen ihre Teilnahme zu äußern haben?

Indem wir die Frage so stellen, sprechen wir damit von vorneherein uns gegen die frühere Ansicht der gänzlichen Ausschließung der weiblichen Welt von der Teilnahme am Staatsleben aus. Es wäre dies in der Tat gegen die Bestimmungen der Gegenwart, gegen den wahrhaften Zeitgeist, und wenn wir nicht mit ihm in Widerspruch treten wollen, so müssen wir von diesem Satz durchgängig ausgehen. Gegen die gänzliche Ausschließung der weiblichen Welt vom Staat, gegen ihre philisterhafte Einpferchung in den engen Kreis eines Hauswesens, hat offenbar das Extrem der Emanzipation der Frauen ein berechtigtes Moment in sich. Ja es ist wahr, jene Teilnahmslosigkeit ist etwas Trübseliges, es sträubt sich das Gefühl dagegen, dass das Weib, welches in einem als die Krone der Schöpfung angepriesen wird, doch von der höchsten Weise menschlicher Tätigkeitsäußerung gänzlich ausgeschlossen bleiben soll.

Dennoch aber sagt uns wiederum das Gefühl, dass die Emanzipation der Frauen eben auch unwahr ist, und es fragt sich somit, aus welchem Grunde, damit wir nicht das Kind mit dem Bade ausschütten. Das Wesen des Weibes, nur noch für faselnde Poeten ein Geheimnis, besteht ganz allgemein ausgedrückt im Beharren. Was der Schlaf am Individuum ist, diese nicht passive, aber in sich geschlossene Erquickung und Erholung des Körpers, das ist das Weib für die Menschheit. Wenn daher Rousseau bemerkt, es sei das Laufen das einzig Ungraziöse an ihr, so liegt eben darin, dass das zu bewegte Auftreten ihr nicht ziemt. Dasselbe gilt in der geistigen Sphäre: Es schickt sich für sie eine energische, aber keine eingreifende, eine mutvolle, aber nur innig ausdauernde und ausharrende, mit einem Wort keine männliche Teilnahme am öffentlichen Wesen. Die Emanzipation der Frauen aber verlangt eine solche und darin liegt ihre Verkehrtheit. Das Weib ist wohl geschaffen, dem heimkehrenden Sieger den Kranz aufzusetzen (...), aber weder teilnahmslos gegen ihn zu bleiben und ihn gar zu fliehen, noch selbst in die Schlacht zu ziehen und in ihre zarte Hand das raue Eisen zu nehmen. Und nicht bloß im wirklichen Kampf kann sie diese Art der Teilnahme bewähren, auch im unblutigen, aber zur Verhinderung der Fäulnis des Staates unumgänglich notwendigen Parteikampf während des Friedens kann so ihre Mitwirkung sich offenbaren. So ziemt es sich nicht für sie, von der neusten Mode oder dem letzten Ball zu sprechen, wenn es an der Zeit ist, den süßen Namen Vaterland im Munde zu führen; es ziemt sich nicht für sie, davon zu reden, wie schlecht sich Herr und Madame X. in ihrer Ehe vertragen, wenn es sich fragt, ob im Staat noch nicht zur Anerkennung gekommene unverjährbare Menschenrechte ferner unterdrückt bleiben sollen, es ziemt sich überhaupt nicht für sie, teilnahmslos sich wegzuwenden, sobald nur ein Anflug von Politik in das Gespräch hineingemischt wird. (...)

Wir wiederholen unseren Anfang: Die Frauen sind die Trägerinnen der jedesmaligen Volkssittlichkeit, haben sie den Geist der Zeit noch nicht in sich aufgenommen, so ist derselbe noch nicht in das Fleisch und Blut des Volks aus der Theorie übergegangen, so ist er noch nicht Gesinnung geworden, so bildet er noch nicht die öffentliche Meinung, so dringt die Freiheit der Zeit noch nicht zur allgemeinen Anerkennung durch. Noch schlimmer aber: Das heranwachsende Geschlecht nimmt sie nicht mit der Muttermilch auf und begeistert sie nicht für ihre Einführung in das Leben. Das gilt namentlich von Deutschland; tragen nicht erst unsere Frauen »ein Schwert in Myrten«, klingen *Frau* und *frei* ferner noch einander fremd, so ist auf die Lösung der Fragen, in welchen wir nun schon so weit hinter anderen Ländern zurückgeblieben sind, nicht zu rechnen, eher aber darauf, dass unsere tiefsinnige, geistreiche Nation zu den »Parias unter den Völkern« übergehe.

Allen Patrioten mögen daher die hier ausgesprochenen Ansichten ans Herz gelegt sein; sie werden leider bei flüchtigem Einblick in das Leben finden, wie traurig, wie wahrhaft kläglich und verwahrlost in dieser Beziehung unser Vaterland dasteht. Mögen daher diese Zeilen Anklang finden, und die Erziehung der weiblichen Jugend nicht wie bisher fern gehalten werden von dem Namen, bei dem die Herzen höherschlagen; möge ihr vor allem durch die Kenntnis seiner gedankenmäßig erfassten gewordenen Geschichte Teilnahme für dessen werdende Zukunft eingepflanzt werden. Denn das gehört heutzutage wahrhaftig weit mehr zur Bildung und Gesittung als das Wissen einiger faden französischen und englischen Konversationsphrasen. (…)

ÜBER ALLEINHERRSCHAFT

Alleinherrschaft (Absolutismus, Autokratie, Despotismus, Monokratie, Selbstherrschaft): nach dem Wortlaut die Herrschaft eines Einzigen, nach der des meist gebräuchlichen Fremdwortes: Absolutismus, diese Herrschaft eines Einzigen, wenn sie unumschränkt, durch nichts in ihren Gelüsten begrenzt ist. Beides aber fällt zusammen, denn wo ein Etwas den Willen des Herrschers bindet und beschränkt, also mitherrscht, indem es seinen Willen dem Herrscher aufzwingt, da hört die Alleinherrschaft auf. Ebenso wenig ist die unbeschränkte Herrschaft, die Alleinherrschaft denkbar, wenn mehrere als Herrscher an der Spitze des Staates stehen; da ist jeder beschränkt durch den Willen des anderen, jeder ist, wenn er nicht die Alleinherrschaft ausübt, auch nicht unumschränkt. Eine fernere künstliche Unterscheidung, die man gemacht zwischen willkürlicher und gesetzlicher Alleinherrschaft, hat auf diese Weise die unumschränkte Monarchie vom Despotismus unterschieden und behauptet, es gebe im ganzen Europa keine willkürliche Alleinherrschaft, keinen Despotismus mehr.

Bei der Masse der Urteilsunfähigen und Denkfaulen, welchen dem ungeachtet die immer steigende Abneigung gegen eine Regierungsform nicht fremd geblieben ist, die in den Bewohnern eines Staates nur eine willenlose und unmündige Herde mit einem Treiber an der Spitze sieht, mag man mit solchen Wortspielen noch wirken; bei denen aber, die über die sehr enge Grenze des »Österreich'schen Beobachters« – der vorzugsweise diese Lehre verkündet – hinausdenken, haben sie ihre Wirkung verloren. Was nützt denn ein

Gesetz, wo der Herrscher alle Herrlichkeit und den ganzen Willen des Volkes, wo er die gesetzgebende, ausführende und richterliche Gewalt in sich vereinigt? Er hebt das Gesetz auf, ändert es ab oder macht es durch ein entgegengesetztes unwirksam, und die Sache ist abgemacht. Haben wir nicht noch in der neusten Zeit gesehen, dass dies geschehen ist? Oder dass Ansprüche des alleinherrschenden Willens, die doch ebenfalls Gesetze sind und die man gerade da am Heiligsten halten sollte, wo man die Alleinherrschaft als das Heil der Welt anpreist, bis zum Nichts gebeutelt oder geradezu für »unverbindlich« erklärt wurden?

In diesem Verfahren spricht sich die ganze Wesenheit der Alleinherrschaft aus, sie gibt aber auch den Völkern den besten Maßstab zu ihrer Beurteilung. Absolutismus, Autokratie, Despotismus, Monokratie, Selbstherrschaft – es sind nur verschiedene Namen für ein und dieselbe Sache. Schon der Grieche Aristoteles konnte für die Alleinherrschaft nur einen Grund aufstellen, nämlich, dass sie gut sei, wenn man nachweisen und verbürgen könne, dass der Herrscher der beste Mensch im Staate sei und dass seine Erben dies stets sein werden. Diesen Nachweis haben die Lehrer und Anbeter der Alleinherrschaft nie zu liefern, noch weniger die Bürgschaft zu leisten vermocht. Gründe der Moral, der Vernunft und des Rechts konnten sie überhaupt nicht aufstellen, wenn sie nicht zu dem Unsinn kamen, die Menschen als eine Sache darzustellen, welche die Beute des Eroberers wird. Die Nützlichkeit war daher der einzig durchschlagende Grund der Alleinherrschaft, den man mit Erfolg anwenden konnte. Die Einheit des Willens, sagte man, gebe jeder Kraft des Staates eine höhere Spannkraft, setze sie rascher in Bewegung und leite sie eher zum Ziele; sie mache eins und einig im Inneren, stark und gefürchtet nach außen. Aber das alles ist nur dann richtig, wenn die Forderung des Aristoteles erfüllt ist; denn der Missbrauch der unermesslichen Kraft auf nur kurze Zeit, ihre Leitung gegen den Staatszweck, etwa zur bloßen Befriedigung schrankenloser Leidenschaft, kann dem Staat mehr schaden, als Jahrhunderte der vollkommensten Alleinherrschaft zu ersetzen vermögen. Auch sind menschliche Kräfte keine Puppen, die sich durch den Wink einer Hand an einem Drahte regen und bewegen sollen und können, sondern sie sind geistige Pflanzen, die frei im Boden stehen und sich frei entfalten müssen nach innerem Naturtrieb, wenn sie zu ihrer vollen Herrlichkeit gedeihen sollen. Eine komische Seite gewinnen die Bestrebungen der Prediger der Alleinherrschaft noch dadurch, dass sie den Herrscher mit allen nur denkbaren Tugenden geboren werden lassen, ihn über die Menschen erheben müssen, um seine Stellung nur scheinbar zu rechtfertigen; es ist aber Tatsache, dass viele Bevorzugungen dem Staate meist gar nichts nützen, weil meist nicht der Herrscher die Alleinherrschaft ausübt, sondern die Geliebte, Maitresse, der Minister, Kammerherr, Beichtvater, Kammerdiener, Barbier, Ofenheizer, kurz derjenige, der den Herrscher zu beherrschen weiß. Daher hat sich die fortgeschrittene Bildung entschieden von der Alleinherrschaft abgewendet, das unwandelbare Gesetz über die wandelbare Fähigkeit des Herrschers gestellt, ihm eine menschlichere, aber dennoch edlere Stellung gegeben. Denn wenn die Alleinherrschaft alles Gute und Schöne im Staat an den Herrscher knüpft, so muss sie auch alles Unheil und allen Fluch auf ihn zurückführen; die neue Staatsweisheit hat dem Herrscher den erhabensten Beruf des Menschen ungetrübt zugeteilt: Wohl und Segen entströmt seiner mächtigen Hand, aber das Wehe des Staats lehnt sich nicht an ihn. – Der Begriff absolut: durchaus, unumschränkt ist übrigens nicht bloß auf die Monarchie (Fürstenherrschaft), sondern auch auf die Demokratie (Volksherrschaft) und jede andere Herrschaftsform anwendbar, indem er andeutet, dass die Grundsätze dieser Form und Art rein durchgeführt sind, dass die Alleinherrschaft eines Prinzips im Gesetz, aber nicht eines Menschen, eines persönlichen Willens vorhanden ist und allein herrscht.

BELAGERUNGSZUSTAND UND STANDRECHT

Am Nachmittag des 22. Oktober wurde eine allerdings nur kleine Anzahl der Bewohner Wiens durch nachfolgendes Plakat überrascht.

An die Bewohner Wiens!

Von Sr. Majestät dem Kaiser beauftragt und mit allen Vollmachten ausgerüstet, um dem in Wien dermalen herrschenden gesetzlosen Zustande ohne Zeitverlust ein Ziel zu setzen, rechne ich auf den aufrichtigen und kräftigen Beistand aller wohlgesinnten Einwohner.

Bewohner Wiens! Eure Stadt ist befleckt worden durch Gräueltaten, welche die Brust eines jeden Ehrenmannes mit Entsetzen erfüllen. Sie ist noch in diesem Augenblicke in der Gewalt der kleinen, aber verwegenen, vor keiner Schandtat zurückschaudernden Fraktion. Euer Leben, Euer Eigentum ist preis-

gegeben der Willkür einer Handvoll Verbrecher. Ermannt Euch, folgt dem Ruf der Pflicht und Vernunft! Ihr werdet in mir den Willen und die Kraft finden, Euch aus ihrer Gewalt zu befreien und Ruhe und Ordnung wiederherzustellen. Um diesen Zweck zu erreichen, werden hiermit die Stadt, die Vorstädte und ihre Umgebung in Belagerungszustand erklärt, sämtliche Zivilbehörden unter die Militär-Autorität gestellt und gegen die Übertreter meiner Verfügungen das Standrecht verkündigt. Alle Wohlgesinnten mögen sich beruhigen. Die Sicherheit der Personen und des Eigentums zu schirmen, wird meine vorzügliche Sorge sein. Dagegen aber werden die Widerspenstigen der ganzen Strenge der Militärgesetze verfallen.

Lundenburg, den 20. Oktober 1848. Fürst zu Windischgrätz, Feldmarschall.

Das scheint demnach die erste Arbeit, welche aus der bekannten, von Prag mitgenommenen Felddruckerei des Fürsten Windischgrätz hervorgegangen ist; es ist ein hoffnungsvolles vielversprechendes Werk, und der Fürst kann bei entsprechenden Fortschritten dereinst versuchen, bürgerlicher Buchdrucker in Wien zu werden.

Lebten wir im Karneval, wir würden dieses Plakat für die tolle Ausgeburt eines Witzbolds halten und es gelungen nennen. Die Sprache des ehrenwerten Paraphrasius Paracelsus ist wirklich trefflich wiedergegeben, und wollte man den großen Helden Sir John Fallstaff redend einführen, man könnte ihm keine anderen Worte in den Mund legen. Selbst über die goldene Regel der Nürnberger, dass sie »Niemand hängen, den sie nicht haben«, setzt sich der Feldmarschall hinweg, er erklärt auf eine Entfernung von mehreren Meilen

»die Stadt, die Vorstädte und ihre Umgebung« in Belagerungszustand, wahrscheinlich in der Voraussicht, Wien werde ihm spätestens in Gänserndorf zitternd auf dem Präsentierteller überreicht werden. Von dieser Seite kann man die Sache nur komisch nennen und möchte den Fürsten fast darauf aufmerksam machen, dass, wenn er mit seinen Kanonen ebenso weit über das Ziel hinausschießt als mit seinen Erlassen, er selbst die Spitze des Stephansturmes nimmermehr berühren wird.

Aber die Sache hat doch auch ihre sehr ernste Seite: Während man die Stadt Wien von allem Verkehr mit der Welt abschneidet, mit roher Gewalt eingreift in den Privatverkehr und ihn abschneidet, während man sich gebärdet, wie es bei unserem heutigen Bildungszustand selbst feindliche Heere nicht mehr gegeneinander zu tun pflegen, während man alle Barbarei veralteter Kriegsmittel wieder hervorsucht, um eine edle Stadt zu verderben, ihren Rechts- und Freiheitsstolz zu demütigen und sie ohnmächtig dem Despotismus zu Füßen zu legen – währenddessen, sagen wir, erfüllt man die Welt mit solch unerhörten Lügen, wie sie das Plakat enthält! Mit solchen? Nein, wenn es möglich ist, diese zu überbieten, mit weit schlimmeren, denn diese sagt man uns ins Gesicht, uns, die wir hier leben und Augen- und Ohrenzeugen alles dessen sind, was geschieht! Wie mag das aussehen, was man hinter unserem Rücken, ohne unser Wissen in die Welt hinausstreut?

»Die Stadt ist befleckt worden durch Gräueltaten, welche die Brust jedes Ehrenmannes mit Entsetzen erfüllen!« Wien ist eine große volkreiche Stadt, und wo viel Menschen leben, da leben viel Bösewichter, die möglicherweise auch Gräueltaten verüben können, diese Wahrheit ist so alt wie die Welt, und der Stadt kann man nur zumuten, dass sie, wenn Gräueltaten geschehen, für die Ermittlung der Täter und deren Bestrafung sorgt, das hat sie niemals versäumt, und wenn der Fürst Windischgrätz nicht als leichtfertiger Lügner und Verleumder erscheinen will, so erkläre er, wann und wo die Pflicht jemals versäumt worden ist. Wenn aber die Stadt verantwortlich sein soll für alles, was in ihren Mauern geschieht, dann gestatte uns der Feldmarschall Fürst zu Windischgrätz auch, dass wir sagen: Die österreichische (und ganz besonders die tschechische) Armee ist befleckt worden durch Gräueltaten, welche die Brust jedes Ehrenmannes mit Entsetzen erfüllen. Sie hat wehrlose Gefangene nicht nur getötet, sie hat dieselben gemordet, verstümmelt und misshandelt, wie Kannibalen ihre Opfer nicht misshandeln würden!

Dass die Stadt Wien »in der Gewalt einer kleinen, aber verwegenen, vor keiner Schandtat zurückschaudernden Fraktion ist und dass Leben und Eigentum einer Handvoll Verbrecher preisgegeben sind«, das sind Neuigkeiten, die der Wiener am wenigsten von dort erwartet hätte, wo man stets für Gesetz und Ordnung besorgt zu sein behauptet. Die Stadt Wien ist zunächst in der Gewalt des Reichstages oder vielmehr seines Ausschusses, dann des Gemeinderates und des Oberkommandanten Messenhauser. Bilden diese »die kleine Fraktion, welche vor keiner Schandtat zurückschaudert«? Wäre dem so, dann würden wir ein aufmerksames Auge auf sie richten, aber wir fürchteten sie nicht und bedürften keiner Hilfe gegen sie! Wir wären Manns genug, uns gegen sie zu schützen. Wer aber in Österreich darf den gesetzlichen Reichstag, den gesetzlichen Gemeinderat von

Wien, den gesetzlichen Befehlshaber unserer Bürgerwehr beschimpfen und verleumden? Darf das der Fürst zu Windischgrätz? Wir verlangen Rechenschaft und Genugtuung für diese freche Beschuldigung und sehen es als einen Beweis an, dass Recht und Gesetz aufgehoben, der rohen Willkür der Soldateska preisgegeben sind (...). Oder meint der Fürst diejenigen nicht, welche die Gewalt in Wien haben? Dann möge er sich deutlicher erklären und Sinn bringen in seine unsinnige Behauptung. Wir werden auf jedwede Deutung, die er seinen Worten gibt, die gebührende Abfertigung ihm angedeihen lassen!

Leider ist es wahr, dass »Leben und Eigentum der Willkür einer Handvoll Verbrecher preisgegeben« sind. Eine Handvoll bewaffneter Bürger Österreichs, teilweise Verführer und also Verbrecher, zum größten Teil aber Verführte, an ihrer Spitze der Fürst zu Windischgrätz, lagern vor den Toren der Stadt und üben Gewalt gegen Leben und Eigentum. Sie hemmen den Verkehr und vernichten dadurch den Wohlstand Tausender; sie plündern den Landmann und nehmen ihm die Lebensmittel ab, die er zur Stadt führen will; sie halten friedliche Reisende auf und bringen Jammer über deren entfernte Familien; sie steigern die Not der ohnehin so bitteren Armut durch Verteuerung der Lebensmittel, sie martern barbarisch eine ungeheure Anzahl schlichter, ängstlicher Menschen mit der Furcht, dass sie verhungern müssen; sie drohen endlich sogar damit, die Wohnungen und Bewohner zusammenzuschießen und so das Leben wie das Eigentum zugleich zu vernichten. Wer hätte nach den Revolutionen des März und des Mai geglaubt, dass so etwas möglich und denkbar wäre in Österreich? Wir besitzen allerdings Menschen und Geschlechter, die ihren Namen und ihren »Ruhm« an die Wegelagereien ihrer Voreltern, ihrer »Ahnen« knüpfen; die weder gelernt haben, dass die Barbareien des Mittelalters vorüber sind, noch vergessen, dass Raufen und Rauben damals »ritterlich und edel« hießen, aber dass selbst diese Verblendeten im 19. Jahrhundert ihre Wegelagereien dergestalt ins Große treiben würden, das hatte man nicht erwartet.

Will der Fürst Windischgrätz wirklich »Ruhe und Ordnung wiederherstellen«, so entferne er sich möglichst bald mit seiner Schar. Sie sind die Einzigen, die Ruhe und Ordnung stören. In der Stadt herrschen dieselben ungetrübt und sind nur gepaart mit großer Aufregung und Entrüstung über das Verfahren des Fürsten zu Windischgrätz und seine schamlose Entstellung aller Wahrheit und aller Tatsachen. Stellt er die Ruhe und Ordnung des Gesetzes, welches er allein und schwer verletzt, nicht bald her, so möchte leicht das 19. Jahrhundert ihn belehren, was ihn die Geschichte der früheren nicht gelehrt zu haben scheint: dass es nicht nur der Sinn für Gesetz und Ordnung, sondern auch der starke bewaffnete Arm des freien Bürgertums war, welcher die adligen Raufbolde des Mittelalters (die Soldateska der damaligen Zeit!) mit blutigen Köpfen heimschickte und ihre Macht für immer brach! Das Bürgertum hat sich seiner Ahnen nicht zu schämen und kann auch mit Stolz auf deren Tun zurückblicken; aber es wird auch wissen, ihrem Beispiel zu folgen und ihrer wert zu sein.

WEIHNACHTEN
(Einleitung zu: »Die Fortschrittsmänner der Gegenwart«)

Weihnachten! Wie das Wort so traulich den inneren Menschen anlächelt! Wie ein Stückchen blauer Himmel zwischen dem grauen Wolkenmeere eines trüben Herbsttages, so wirft es einen Lichtblick in die Seele, selbst in der unfreundlichsten Stimmung einer trüben Zeit. Wie unser Bild uns flüchtig, aber ganz entgegentritt, wenn wir einem Spiegel vorbeieilen, so tritt das schönste Fest des Jahres vor unser geistiges Auge. Ja, Weihnachten ist das schönste Fest, das einzige, bei welchem das Herz des Ungläubigen beteiligt ist, wie das des Gläubigen, für den die Sonne noch heute um die Erde geht. Der Lichterglanz, welcher die Stube erhellt, ist nur das Sinnbild des Freudenglanzes, der im Herzen wohnt.

Und ob an dem Baume Hunderte von Wachslichtern brennen und doch kaum die goldenen Kronleuchter zu überstrahlen vermögen, die Tageshelle verbreiten in den glänzenden Sälen; ob die Schätze fremder Weltteile ausgebreitet liegen als Geschenke und ein kleines Vermögen aufgewendet wurde, sie herbei zu schaffen; oder ob nur vier Talglichterchen brennen an dem kleinsten Bäumchen, während die kleine Blechlampe ausgelöscht wird, um das Öl zu sparen, und alle Geschenke auf einen Wachsstock und ein kleines Päckchen Pfefferkuchen sich beschränken, es ist doch Weihnachten! Im Herzen, das in der Hütte schlägt, ist es hell, wie in jenem im Prunksaale, die Freude ist gleich rein und gleich groß und wir stehen hier vor einem Teil der moralischen Weltordnung, wo die Gleichheit kein Traum ist.

Wer Weihnachten nicht feiern kann an dem funkelnden Lichterbaume, der ist ein recht unglücklicher Mensch. Ist doch das Leben so ernst und trübe, dass ein solcher Augenblick reiner Freude mit ihrer nachhaltigen Erinnerung fast notwendig ist, um dasselbe ertragen zu können. Ach, und es gibt der Menschen doch so viele, die das Fest nicht feiern können, deren karger Erwerb kaum hinreicht, das harte Brot der Notdurft zu kaufen, und in deren Leben es keinen Festtag gibt. Es gibt der Menschen so viele, die auch das Brot, das Unentbehrlichste nicht haben; wo Hunger und Elend grinsen in der öden kalten düsteren Wohnung am heiligen Weihnachtsabend – wie an jedem anderen Tag. In diesen Höhlen menschlichen Unglücks hat nie ein Weihnachtslichtchen sich gespiegelt in der Freudenträne des Kindes, nie ein Vater- und Mutterherz freudig gezittert beim Anblick dieser Freudenträne.

Das muss ein unendlicher Schmerz sein an einem solchen Weihnachten: Wehe denen, die ihn empfinden müssen, aber noch mehr Wehe denen, die bereits so stumpf geworden sind im nie endenden Jammer, dass sie ihn nicht mehr fühlen. Ihr kennt ihn nicht, Beglückte der Erde, denen die Sonne des Lebens scheint rein und ungetrübt; aber wenn Ihr ihn nur dunkel ahnt, und es mischt sich ein schrillender Misston in die Harmonie Eurer Stimmung am Weihnachtsabend, dann tragt die Freude wenigstens in EINE Wohnung des Jammers. Nicht ein Almosen tragt hinein, Almosen sind entehrend für unsere Bildung und unsere Zeit, sondern nehmt die Unglücklichen heraus und lasst sie teilnehmen an Eurer Freude, teilnehmen als gleichberechtigte Menschen. Werft einen Sonnenstrahl in die Nacht ihres Lebens, gebt ihnen eine Erinnerung, an der sie lange zehren können, und treibt die Verzweiflung aus ihren Herzen, die sie vielleicht zu töten drohte.

Warum ist aber das Weihnachtsfest so schön? Ist es die Kinderfreude, die reinste und unschuldigste der Welt, welche ihm diesen zauberhaften Reiz gibt? Sie ist es wenigstens nicht allein. Denn es knüpft sich ein tiefer Sinn an die heitere Erscheinung, und bei dem denkenden Menschen paart sich ein gewaltiger Ernst mit dem freudigen Gefühl.

Wir feiern die Geburt eines Erlösers, eines Befreiers, welchen ein einst mächtiges und großes Volk auf dem langsamen und traurigen Wege zu seinem Untergang geahnt, ersehnt, erfleht hatte mit aller Kraft seiner Seele. Aus der ägyptischen Sklaverei waren die Juden befreit worden, aber in eine schlimmere geraten, weil sie aus dem neuen Boden nicht neues Leben zu saugen vermocht und das Zerbrechen des äußern Joches sie nicht innerlich frei gemacht hatte. Unter einer verdummenden Priesterschaft waren sie stumpf und marklos geworden und der römischen Weltherrschaft hoffnungslos anheimgefallen.

In ihnen wohnte nicht mehr die Kraft, sich zu befreien, deshalb hofften sie dieselbe von außen, durch ein Wunder, einen Heiland. Der Heiland ward geboren, fand das Zauberwort, vor welchem die alte knechtende Satzung ohnmächtig dahinsank und eine neue Welt sich erhob. Er war Befreier auf dem Gebiet des Staates, des Lebens und der Gesellschaft. Seine Lehre von der Bruderliebe und Gleichheit war auch für die Erde berechnet, und seine »Freiheit« hieß: Freiheit von der knechtenden Priestersatzung und von römischer Unterjochung.

Knüpft sich also an Weihnachten das Erinnerungsfest der Befreiung und der Geburt einer neuen Zeit, so vereint sich damit noch das Bewusstsein der Allmacht des Menschengedankens, der unangreifbar und unzerstörbar ist. Christus ward als Verbrecher gerichtet, aber aus dem Grabe stieg zwar nicht sein Körper, sondern sein Geist empor und vollendete seine Sendung. Man hatte die Form zerschlagen, um ihren Inhalt desto freier, desto wirksamer zu machen.

Mischt sich da nicht mit dem Weihnachtsfest eine erhebende Mahnung, auszuharren auf der Bahn des Kampfes für den Fortschritt, für die Freiheit, für die Brüderlichkeit? Muss nicht das spießbürgerliche »Wozu sollst Du Dich quälen und Dir noch Verdruss und Feinde machen? Es nutzt ja doch nichts!« verstummen auf ewig? Nein, kein Gedanke geht verloren in der weiten Schöpfung, keine ausgesprochene Idee ist vergebens da gewesen. Man kann den Menschen moralisch oder körperlich vernichten, man kann die Bücher, die er geschrieben, verbieten, verbrennen, einstampfen, den Geist des Menschen, den Inhalt seiner Schriften kann man nicht vernichten; er wirkt fort und die Unsterblichkeit unseres Tuns und Strebens beruht eben in dem Bewusstsein, dass wir in keinem Falle vergebens gewirkt haben.

Schade, dass die Pharisäer und Unterdrücker aller Art in achtzehnhundert Jahren nicht gelernt haben, wie ohnmächtig ihr Wüten gegen die Form ist, welche den gefürchteten Geist, den zermalmenden Gedanken enthält! Dass sie fort und fort diese Form verfolgen, unterdrücken, zerschlagen und dadurch nur erbittern, aber nichts ändern; vielmehr sich ihre ohnehin nicht leichte Aufgabe, das fortschreitende Leben zu hemmen, noch schwieriger machen.

Führt uns nun eine ernste Betrachtung des Weihnachtsfestes so in die unmittelbare Gegenwart hinein, so fühlen wir gewiss auch, wie unser Vaterland ein Weihnachtsfest, die Geburt einer neuen Zeit, bedarf und ersehnt. Auch die Deutschen waren ja einst ein großes, starkes, geachtetes, herrliches Volk, welches oft den Ausschlag gab auf der Waage der Geschichte und durch seine sittliche und materielle Kraft den Gang der Welt bestimmte.

Durch ein Gemisch von Schuld und Unglück gesunken bis zur vollständigsten Unbedeutendheit, bis zum moralischen Verfall und der tiefsten nationalen Schmach, gerieten auch sie in die Sklaverei der Fremden, trugen sie das Joch der Willkürherrschaft. Sie haben sich erhoben und das Joch abgeworfen, haben mehr getan als die Israeliten unter Moses, die ihrem Eroberer und Unterdrücker Raum machten und ihm das Land überließen; die Deutschen trieben ihre Dränger und Eroberer hinaus aus dem Land und machten dasselbe frei.

Aber wir sind noch kein starkes und freies Volk dadurch geworden, das neue Leben, welches dem freien Boden entkeimte, siecht noch matt und traurig dahin, weil ihm der Raum fehlt zur naturwüchsigen Entwicklung; die knechtende alte Satzung ist nicht überwunden mit dem äußeren Feind, und vergebens ringen wir nach der Stellung im großen Völkerleben, die unsere Gegenwart mächtig, unsere Zukunft hoffnungsreich, unsere notwendige und natürliche Volksentwicklung sicher macht.

Das Zauberwort, welches den Bann löst, der auf unserem Dasein ruht, und eine neue bessere Ordnung der Dinge hervorruft, ist noch nicht gefunden. So wird das Fest freudiger Erinnerung auch noch ein Fest inniger Sehnsucht, die schmerzlich sein würde, wenn sie sich nicht mit der Zuversicht paarte, dass kommen muss, was so tief in der inneren Notwendigkeit der Geschichte und im Herzen des Volkes wurzelt.

Ehe aber der Befreier dem jüdischen Volk kam, waren viele Männer erschienen, die das Volk würdig und tüchtig zu machen strebten zur Befreiung. Man nannte sie Propheten, Vorherverkünder einer bessern Zeit. Die große Masse ließ lange ihr Wort unbeachtet, Gefühllose, die blind in den Tag hineinlebten und nur an sich dachten, verspotteten sie, die Träger der alten Satzung aber und die Unterdrücker des Volkes verfolgten, misshandelten und töteten sie. Nur wenige trugen anfangs ihr Wort im treuen Herzen, pflegten es und pflanzten es fort, bis es Eigentum und Heiligtum des ganzen Volkes wurde und dasselbe emporhoben zum großen Gedenken, der allein die große Tat gebären kann. So waren die Propheten zugleich die Vorläufer und die Bürgen für die kommende Befreiung.

Haben auch wir solche Propheten? Wir haben sie. Männer, die ihr Volk zu erheben suchen durch kräftiges Wort, ihm voranleuchten in mutiger Tat, den Kampf mit der alten Satzung ringen voll Kraft und Ausdauer, sich weder schrecken lassen von dem Spott der Unvernunft noch von der Wut und Verfolgung der Gegner, die Kerker und Tod nicht scheuen, wenn es gilt zu arbeiten für die bessere Zukunft, und die uns Vorläufer und Bürgen ihres Kommens, ihrer Notwendigkeit sind. Eine Reihe derselben ist es, welche wir hier einführen in den festlich erleuchteten Raum, zum schönen Weihnachtsfest, und sie als liebe Gäste aufzunehmen bitten[24]. Wird doch jedes Fest verschönt, wenn geliebte Gäste und Freunde dabei sind, die den wahren Sinn des Festes mitbringen und die richtigen Klänge für Herz und Gemüt anzuschlagen wissen. Sie seien dem Gatten Muster und Vorbild und erwecken in seiner Brust das brennende Verlangen und den ernsten Entschluss, zu handeln wie sie, und nach Kräften mitzuarbeiten am Aufbau einer bessern Zeit und der neuerstehenden Herrlichkeit des Volkes. Der Gattin aber seien sie Gegenstand stiller Liebe und Verehrung; sie mag ihre Tugenden und Verdienste aufnehmen in das reiche Frauenherz, welches eine schöne Stätte ist für alles Gute und Edle. Sie mag sich weiden an dem stolzen Gedanken, dass ihre blühenden Kinder, die fröhlich den flimmernden Weihnachtsbaum umtanzen, dereinst wert sein möchten, als so liebe Gäste eingeführt zu werden in den Kreis jeder wahrhaft deutschen Familie; sie mag streben, sie zu tüchtigen Menschen zu erziehen. Wenn ihr Mutterherz sich gehoben fühlt, bei dem Gedanken an die glücklichen Mütter, welche die eingeführten Gäste geboren und gesäugt, gepflegt und erzogen haben, so mag sie auch mit freudigem Stolze den Dank vorhergenießen, welchen das Vaterland ihr zollt, wenn sie ihm Bürger im vollen Sinne dieses schönen Wortes aus ihren Kindern zu erziehen strebt.

Wohl wird es viele geben, welche die Nase rümpfen und

24 Das Buch »Die Fortschrittsmänner der Gegenwart« porträtiert eine Reihe von »Fortschrittsmännern«, die Robert Blum gern zu seinem politischen Weihnachtsfest einladen würde, darunter u.a. der Schriftsteller und Historiker Ernst Moritz Arndt, die liberalen Politiker Johann Adam von Itzstein und Heinrich von Gagern, der Arzt und Radikaldemokrat Johann Jacoby oder der Journalist und Verleger Heinrich Simon.

zürnen, dass wir die »leidige Politik« überall eindrängen und einzwängen, sie sogar bei diesem schönen gemütlichen Fest mit Haaren herbeiziehen. Aber so lasst uns doch unsere Weise! Wir maßen uns ja nicht an, für Euch schreiben zu wollen, und Ihr seid nicht an uns gebunden. (...)

Wir meinen allerdings, dass an einem Tag, an welchem man alles Geliebte mit doppelter Zärtlichkeit zu umfassen strebt, das Vaterland in die erste Reihe gehört. Und denen, die ebenso meinen, widmen wir diese Blätter und wünschen ihnen ein ungetrübtes ernstfröhliches Fest!

REDEN UND AUFRUFE

Festrede zum ersten Leipziger Schillerfest[25] am 9. November 1840

Der Name Schiller ist identisch geworden mit dem Inbegriff alles Schönen, Edlen und Großen. Seinen Ruhm verkünden alle gebildeten Nationen und ihn feiert die ganze weite zivilisierte Welt. Ja, zum Höchsten hat er sich emporgeschwungen, mit allem, was wir schätzen, eng verwandt. Hervorgegangen aus jener Literaturepoche, die mit wildem Sturm ankämpfte gegen eine veraltete Form, aber auf dem Wege zur Umgestaltung ausgeartet war in poetische und moralische Zügellosigkeit, gesellte sich bei Schiller zuerst eine alles besiegende Grazie zu der mächtigen Kraft, und das göttliche Gesetz der Schönheit kehrte an seiner Hand zurück in das Chaos der umwälzenden Geisteskräfte.

Man hatte das falsche Ideal herabgestürzt von seinem Altar, hatte die zu engherzige Moral verbannt und die spieß-

25 In Leipzig wurde 1840 auf Betreiben Robert Blums das *erste Schillerfest* gefeiert. Aus dieser Initiative gingen der Ende 1842 gegründete »Leipziger Schillerverein« hervor und schon Anfang 1842 der »Leipziger Literatenverein«.

bürgerliche Züchtigkeit abgeschüttelt. Aber man hatte eine ebenso falsche, rohe, nackte Natürlichkeit dafür eingesetzt und huldigte der Unsittlichkeit als dem Götzen des Tages. Schiller trat auf mit der Allgewalt rein sittlicher Größe und führte die Dichtung zum wahren Idealen zurück, das ihre unerlässliche Lebensbedingung ist. (...)

Aber wie unendlich bedeutend auch die sittliche und poetische Größe Schillers sein mag: Ist sie es allein, die ihm unsere Bewunderung, Liebe und Verehrung zuwendet? Nein, es gibt noch eine andere, in der neuesten Zeit vorzugsweise erkannte Seite seines Wesens, die ihn mit tausend Liebesbanden festkettet an die Herzen seiner Nation und ihn zum Muster und Vorbild macht für die edelsten Bestrebungen der Vergangenheit, der Gegenwart und der Zukunft: Es ist dies seine historisch-prophetische Bedeutung, sein Kampf für Wahrheit, Völkerwohl und Freiheit. Werfen wir einen Blick auf den innigen Zusammenhang seiner Schöpfungen mit den Ereignissen seiner Zeit.

Wie in der Literatur, so zeigte sich in dem staatlichen und sozialen Leben seiner Zeit die Notwendigkeit einer Umgestaltung. Ein furchtbarer Druck lag auf der gesamten Welt, hemmte die Entwicklung des Individuums wie der Völker und rief jene furchtbare Staatsumwälzung hervor, die am Ende des vorigen Jahrhunderts Europa erschütterte und verwandelte. Unter diesem allgemeinen Druck, den seine freie Seele nicht ertragen konnte, und dem speziellen der württembergischen Militärdisziplin entstanden Schillers »Räuber«[26], die in mannigfacher Beziehung mangelhafteste, aber

26 »Die Räuber« war das Theaterdebüt von Schiller und wurde 1782 in Mannheim uraufgeführt.

auch genialste und kraftvollste seiner Schöpfungen, der glänzende Freibrief seiner geistigen Geburt.

Hier sucht die gefesselte Kraft Raum zur Ausdehnung und Entwicklung, schüttelt die erdrückende Last der Zeit mutvoll ab und sucht die Freiheit, die der gegebene Staat nicht gewährt, in den Wäldern, wo sie einen eigenen Staat gründet. Mit kecker Hand ergreift sie das Racheschwert des Verhängnisses und will Recht und Ausgleich schaffen in der verdorbenen Welt. Wie eine Feuersäule flammt sie auf in der trostlosen Wüste, und tausend Herzen hüpfen ihr entgegen als der vermeinten Verkünderin eines neuen Tages. Ob diese Kraft auch Weg und Ziel verfehlte und deshalb untergehen muss, nachdem sie wie ein glänzender Meteor aufblitzte: Sie erzwingt sich Bewunderung selbst auf dem Abweg des Verbrechens, und die Teilnahme folgt ihr in den Opfertod. Die Begeisterung, die die Räuber hervorriefen, die Ausartungen, die sie veranlasst, und der Jubel, den sie noch heute erwecken in den Herzen der tatendurstigen, freiheitsmutigen Jugend, sind der glänzendste Beweis dafür, dass sie aus der Seele des Volkes stammten und ein Bedürfnis aussprachen. (…)

Ja, nach den Riesenschritten, die wir gemacht seit einem halben Jahrhundert, dürfen wir es sagen: Die Quelle des Drucks war das Verderben der damaligen Höfe! Es war wahr, was Ferdinand von Walter der Lady Milfort vorwirft, dass die Blüte eines Reiches vergeudet wurde für die Launen einer Favoritin. Es war wahr, was der alte Kammerdiener derselben Lady vorwirft, dass Hunderte von Menschen verschachert wurden, um mit diesem Blutgeld die Kosten eines Festes für die Favoritin zu bestreiten. Ob auch hier die

Kämpfer untergehen in ihrem Streben, die Repräsentanten des Verderbens fallen mit, und es öffnet sich ein neuer Raum für eine neue Schöpfung. Diese Schöpfung deutet Fiesco[27] an, aber neben den staatlichen Formen der Zukunft zeigt uns Schillers ahnende Seele auch den gefährlichsten Feind derselben, den maßlosen Ehrgeiz im freien Individuum! So innig hing Schillers prophetischer Geist zusammen mit der Geschichte. (…)

Wie ein eherner Leuchtturm, erhellt von dem ewigen und heiligen Feuer der Vesta[28], erbaut auf den Zinnen eines Granitfelsens, ragt Schiller hinaus in den Ozean der Geschichte, und wie auch die Wogen rasen, die Stürme brausen und schwarze Wolkenmassen den Himmel der Zukunft bedecken, er zeigt leuchtend dem vertrauenden und mutigen Schiffer das Ziel und den sicheren Port. Beim Anblick dieses Wirkens, verehrte Anwesende, wird das Fest unseres Gefeierten zugleich ein Fest des Vaterlandes, ein Fest der Menschheit, ein Fest der schöneren, besseren Zukunft. Dieses Wirken macht ihn zum Idol für die edelsten Herzen, die ihre Kraft der Erstrebung einer schöneren Zukunft widmen; erhebt ihn so unendlich über den großen Egoismus, der bei dem Weheruf und Freudenschrei des Vaterlandes nichts empfand als Unbequemlichkeit.

Deshalb drücken wir heute das Zeichen der Liebe, der Dankbarkeit und der unbegrenzten Verehrung, den Kranz, den die Welt ihm längst geweiht, auf sein edles Haupt, diese

27 »Die Verschwörung des Fiesco zu Genua« ist das zweite vollendete Drama Friedrich Schillers. Er nennt es im Untertitel »Ein Republikanisches Trauerspiel« (Uraufführung 1783 am Bonner Hoftheater).

28 *Vesta:* Römische Göttin und Hüterin des Heiligen Feuers.

Werkstätte der göttlichsten Gedanken, und deshalb rufen wir den deutschen Brüdern, die noch zurückstehen in dieser erhebenden vaterländischen Feier, begeistert zu:

»Ja, feiert ihn, denn was dem Mann das Leben
nur halb erteilt, soll ganz die Nachwelt geben!«

Aufruf an die Freisinnigen[29] Sachsens vom 3. März 1848

Der Augenblick, wo die Kanonen zu Paris das morsche Gebäude der freiheitsfeindlichen Staatskunst von 1815[30] erschüttert haben, muss allen Ernstes dazu benutzt werden, auch in Deutschland die Gewalt der Bevormundung zu brechen und Regierungen zu erhalten, die auf Grundsätzen der Freiheit beruhen.

Die Stadtverordneten zu Leipzig haben den ersten Schritt getan und in einer Adresse an den König verlangt: Entfesselung der öffentlichen Meinung, der Presse im ganzen Umkreise des Deutschen Bundes und die Berufung von Vertretern sämtlicher deutscher Völker an den Sitz des Bundestages.

29 Zwischen 1848 und 1914 ist *Freisinnige* in Deutschland und auch in der Schweiz eine allgemein gebräuchliche Bezeichnung für den linken Flügel des politischen Liberalismus.

30 Gemeint ist der Wiener Kongress, der von September 1814 bis Juni 1815 stattfand und eine Neuordnung Europas zum Ziel hatte. Nach der Niederlage Napoleon Bonapartes sollten die vorrevolutionären gesellschaftlichen Verhältnisse wiederhergestellt (restauriert) und zukünftigen revolutionären Bestrebungen ein Riegel vorgeschoben werden.

Weiter ging eine Versammlung von etwa 1000 Bürgern und Einwohnern Leipzigs im Schützenhaus, welche den Stadtverordneten zwar Dank und Anerkennung aussprach, aber weitere Forderungen stellte. Da es sich vor allem darum handelt, fest und einig aufzutreten, so werden alle Freisinnigen hiermit aufgefordert, sich ebenfalls zu versammeln und folgende Punkte als unerlässlich notwendig zu fordern:
1. Geschworenengerichte, vor welchen jeder Mann öffentlich und mündlich von seinesgleichen gerichtet wird.
2 Pressefreiheit. Sicherheit auch des literarischen Eigentums und ganz besonders der Zeitungen vor den Eingriffen der Polizei. Keine andere Verurteilung der Pressevergehen als durch Geschworene.
3. Wirkliche Verantwortlichkeit der Minister. Rücktritt von der Mehrheit der 2. Kammer[31].
4. Sofortige Entlassung der dermaligen Minister, die allein durch ihre volksfeindliche Politik die jetzige Gefahr verursacht haben.
5. Wahlreform, also direkte Wahlen, unbeschränkte Wählbarkeit und Wahlberechtigung jedes Staatsbürgers. Das Recht friedlicher Vereinigung für alle Staatsbürger.
6. Allgemeine Volksbewaffnung.
7. Wirkliche völlige Glaubensfreiheit und gleiche bürgerliche Rechte für alle Glaubensparteien.

31 Die Landtage damals umfassten in der Regel zwei Kammern: In der ersten saßen Vertreter des Herrscherhauses und des Hochadels sowie vom König berufene Würdenträger aus Politik, Kirche und Gesellschaft. Die Sitze der zweiten Kammer wurden nach festen Quoten an bestimmte soziale Gruppen vergeben (siehe hierzu ausführlicher »Der badische Landtag von 1842« im Friedrich-Hecker-Band dieser Edition).

8. Einschränkung der übermäßig teuren Landesverwaltung und des unnützen Soldatenspiels und der Verwendung des Ersparten zur Steuer der Verarmung und Aushilfe der Armen.
9. Bildung eines neuen, vom Volke gewählten deutschen Mittelpunktes zur Wahrung der deutschen Freiheit nach außen.

Möchten in dem entschiedenen Verlangen dieser Bedingungen alle Männer des Fortschritts sich die Hand reichen. Ihre sofortige Gewährung allein kann unser Vaterland vor großen Stürmen bewahren.

Robert Blum

Völkerrechtliche Verhältnisse[32]

Man sagt uns bei jeder Gelegenheit: die alte Zeit ist tot, die neue hat begonnen! Was war denn die alte Zeit (...) in Beziehung auf die sogenannten völkerrechtlichen Verhältnisse? Sie war nichts anderes als eine Reihe von Dynastenbündnissen (...), die nur dazu dienten, entweder der gegenseitigen Herrschgier Schranken zu setzen oder die gemeinsame Gewaltstellung zu erhalten und zu verstärken. (...) Diese Art von Bündnissen war es, die unser Vaterland eine undenkliche Zeit hindurch aufgehalten hat, ein Großes und Ganzes zu werden (...). Sie waren es, die die Feindseligkeit der Stämme und die Spannungen der einzelnen Abteilungen des Volkes hervorriefen, die sogenannten Kirchturminteressen in den Vordergrund schoben, um die Blicke abzulenken von dem,

32 Rede in der Debatte zur Außenpolitik (Frankfurter Nationalversammlung, 22. Juli 1848).

was Not tut, von dem Bewusstsein, dass Deutschland nicht eher Geltung in dem Bunde europäischer Völker gewinnen könne, als bis es ein freies Volk geworden. (...)

Der Gedanke der Befreiung und Erlösung der Völker (...), der Gedanke der neuen französischen Revolution soll und wird ebenfalls Propaganda machen in der ganzen Welt, und ich hoffe, er wird sie ausdehnen über Moskau hinaus und das Licht der Freiheit auch in jene Länder tragen, die jetzt noch schlummern in der tiefsten Knechtschaft.

Das Ziel einer Verbrüderung des freigewordenen oder frei werdenden Westens, das ist es, dem ich meine Stimme leihe. Mit der Erreichung dieses Ziels steht die Freiheit und der Friede in Europa gesichert, mit der Erreichung dieses Zieles steht die größte und intelligenteste Abteilung der europäischen Staatenfamilie in einer unbesiegbaren Vereinigung zusammen und kann mit Ruhe darauf hinblicken, wenn ein Despot (...) sie verhöhnen oder drohen wollte. (...) Ich scheue den Spott nicht, ich scheue ihn nicht, weil ich weiß, dass ich einem Gedanken diene, auf dem die Zukunft, auf dem das Glück Europas beruhen wird.

Rede zur »provisorischen Zentralgewalt«
(Nationalversammlung vom 20. Juni 1848)

Diese Versammlung, meine Herren, erscheint mir oft wie der Prometheus, seine Riesenkraft war angeschlossen an einem Felsen, und er konnte sie nicht brauchen – die Riesenkraft der Versammlung scheint mir zuweilen angeschlossen zu sein an den Felsen des Zweifels, den sie sich selbst aufbaut.

Zu verschiedenen Zeiten ist sie sich dieser ungeheuren Kraft bewusst geworden und der Ausdruck derselben genügte, in den Augen der Nation sie wieder auf den Standpunkt zu stellen, den sie einnimmt, den aber der Zweifel auf der anderen Seite ihr streitig zu machen suchte; so bei dem Beschluss über den Raveauschen Antrag[33], dem der Zweifel voranging; so bei dem Zweifel, ob man einen Friedensschluss genehmigen könne und dürfe, während es doch sonst niemanden gibt, der ihn genehmigen kann; so bei der Bewilligung der 6 Millionen für die Marine, und so heute wieder, als Sie mit dem großartigsten Schwunge einen Krieg erklärt[34] haben, ohne sich zu fragen, ob Sie ein Heer haben und ob Sie eine Flotte haben und ob Sie Mittel dazu haben; aber Sie haben mit der kühnen Erklärung zur gleichen Zeit den Sieg beschlossen, denn der Sieg lebt in uns, nicht da draußen und nicht in materiellen Dingen! Eine neue große Entscheidung schlägt an Ihr Herz, und Sie sollen noch einmal den Zweifel lösen, ob Sie Ihre Gewalt fühlen und die unumstößliche Majestät, die in Ihren Händen liegt, und ob Sie sie gebrauchen wollen.

Sie sind hierhergekommen, um dieses zerstückelte Deutschland in ein Ganzes zu verwandeln; Sie sind hierhergekommen, um den durchlöcherten Rechtsboden in einen wirklichen, in einen starken zu verwandeln. Sie sind hier-

33 Antrag des demokratischen Abgeordneten Raveaux vom 19. Mai 1848, dass die Nationalversammlung allen einzelstaatlichen Landtagen übergeordnet sein müsse.

34 Erklärung der Nationalversammlung vom 20. Juni 1848, dass ein Angriff auf die damals zur Habsburgischen Monarchie gehörende Stadt Triest als ein Angriff auf Deutschland betrachtet würde.

hergekommen, bekleidet mit der Allmacht des Vertrauens der Nation, um das »einzig und allein« zu tun. Genügt es dazu, dass wir Beschlüsse fassen und sagen: Die Nationalversammlung beschließt, dass das oder das geschehe? Durchaus nicht. Sie müssen sich das Organ schaffen, durch welches diese Beschlüsse hinausgetragen werden in das Leben, durch welches sie gesetzliche Geltung erlangen; dieses Organ zu schaffen, ist der Gegenstand unserer Verhandlung. Was wird dieses Organ sein? Bei dem ersten Anblick dessen, was wir bedürfen, eben nur das Organ, welches Ihren Willen verkündet. Man sagt uns, der Vollziehungsausschuss, der von einer sehr kleinen Minderheit vorgeschlagen worden ist, sei eine republikanische Einrichtung, und wir geben das sehr gerne zu.

Wir verhehlen gar nicht, wir wollen die Republik für den Gesamtstaat, wir wollen diese Einrichtung, und nicht deshalb, weil wir die Verhältnisse in Deutschland auflösen wollen, sondern weil wir sie schützen wollen, weil wir glauben, dass zwei gleichartige Richtungen nicht miteinander bestehen können, weil wir in der republikanischen Form an der Spitze des Gesamtstaates Sicherheit sehen für die Freiheit jedes einzelnen Staates, seinen eigenen Willen auszuführen und zu erhalten, und weil wir zu gleicher Zeit diese Spitze nicht den Zielpunkt niederen Ehrgeizes sein lassen wollen. Allein, es ist ein arger Irrtum, wenn man dieses Streben nach einer republikanischen Einheit verwechselt mit dem, was in den einzelnen Staaten geschieht oder geschehen soll. Wir bauen den Gesamtstaat aus den einzelnen Teilen, die vorhanden sind, wir erkennen die Tatsache dieses Vorhandenseins ebenso wie die Formen an, und unser Bestreben ist dahin gerichtet, in der großen Gesamtheit einer jeden Einzelheit ihre Freiheit, den Spielraum zu ihrer eigentümlichen Entwicklung zu gönnen und zu belassen. Schaffen Sie den Vollziehungsausschuss[35], so sind es die bestehenden Gewalten, die bestehenden Regierungen, welche vom Vollziehungsausschuss die Beschlüsse der Nationalversammlung empfangen, und diese Beschlüsse ausführen; sie werden in ihrem Wesen und in ihrer Kraft nicht im Mindesten angetastet, sie bleiben vielmehr im Vaterlande völlig auf dem Standpunkt, den sie sich zu erhalten bis jetzt vermocht haben. Wenn die Regierungen das sind, was man so vielfach behauptet, gutwillig in Bezug auf die Ausführung und bereit, Opfer zu bringen zum Gedeihen des Ganzen, so ist diese Einrichtung so einfach, dass es keine einfachere gibt; wenn sie aber nicht gutwillig sind, was von anderer Seite auch vielfach behauptet wird und wofür man sich auf einzelne Erscheinungen stützt, die man vielleicht überschätzt, dann (...) soll er die Bedürfnisse der Zeit stellen über die Regierungen, dann soll er ihnen entgegentreten, dann soll er die Nation nicht den Sonderinteressen aufopfern, sondern vielmehr die Widerstrebenden – geradezu heraus gesagt! – zermalmen.

Wäre ein solcher Fall denkbar, ich hoffe, er ist es nicht, dann wäre es eine sonderbare Einrichtung, dass wir denen die Vollziehungsgewalt oder die provisorische Regierung, die es dann allerdings werden müsste, in die Hand geben, gegen

35 Die Linke der Frankfurter Nationalversammlung forderte entsprechend einem Antrag von Robert Blum und Wilhelm Adolph v. Trützschler, als provisorische Zentralgewalt einen fünfköpfigen Vollziehungsausschuss einzusetzen, der ausschließlich an die Beschlüsse der Nationalversammlung gebunden sein sollte.

die sie handeln soll und handeln muss. – Man hat den Vollziehungsausschuss auch in anderer Beziehung angegriffen und hat ihn ungenügend genannt, da er nur die Vertretung Deutschlands nach außen, nicht die Verteidigung desselben enthält. Nun, es muss in dieser Beziehung ein arges Missverständnis herrschen, denn die Vertretung eines Landes nach außen besteht nicht bloß im diplomatischen Verkehr, sie besteht auch in der Entwicklung der ganzen Kraft und Gewalt, die eine Nation hat, da, wo sie notwendig wird. Der Vollziehungsausschuss hat ferner einen großen Vorteil: Er gewährt den Regierungen, was sie bedürfen, den Mittelpunkt, in dem das Staatsleben für den Gesamtstaat in diesem Augenblick zusammenläuft. Er ist ihnen, wenn sie wirklich das Beste der Nation wollen, ihr Aufstreben fördern, nicht im Geringsten gefährlich. Er sichert die Versammlung vor jedem Missbrauch; denn die Versammlung hat es in der Hand, ihn zurückzuziehen, sobald er die Begrenzung überschreitet, die sie ihm zu stecken für gut findet. Er sichert die Regierungen auch durch die Wahl; denn wie die Versammlung zusammengesetzt ist, haben sie nicht zu besorgen, dass eine Meinung aufkomme und an die Spitze gestellt werde, die den Regierungen Besorgnisse erregt. Hat doch ein Mann, der in jenen Kreisen lange Jahre gelebt und gewirkt hat, Ihnen ausdrücklich gesagt, dass er ohne alle Besorgnis das Wohl des Gesamt- wie der einzelnen Staaten in den Händen dieser Versammlung sehe. Der Vollziehungsausschuss sichert aber auch das Volk von möglichen Übergriffen, in dem er als ein Ausfluss der von Ihnen erwählten Versammlung, als ein Ausfluss der Gewalt der Träger seiner Majestät und Souveränität dasteht und das Vertrauen des Volkes aus seinem Ursprung schon für sich in Anspruch nimmt. Das Direktorium[36], welches man Ihnen vorgeschlagen hat, sichert in dieser Beziehung niemanden. (...)

Sie wollen ein solches Direktorium schaffen, und ich frage Sie: Dürfen Sie dasselbe schaffen? Haben Sie ein Mandat dazu, mit irgendjemandem in der Welt zu verhandeln? Hat eine einzige Wahlhandlung auch nur einen derartigen Vorbehalt nicht aufkommen, sondern nur gewissermaßen als eine Ansicht aufdämmern lassen? – Nirgends in der Welt. Berufen sind Sie durch die Allmacht des Volkes, und Sie sind nur jenem Mandat treu, solange sie diese Allmacht wahren. Sie dürfen nicht verhandeln; Sie müssen eher Ihr Mandat niederlegen als sich von der Aufgabe entfernen, die uns geworden ist. Sie dürfen am wenigsten in dem Augenblick, wo das Volk seine lang verkümmerten Rechte und seine lang verkümmerte Macht errungen hat, mit denen unterhandeln, die seit 30 Jahren niemals mit uns unterhandelt haben, die selbst unseren Rat niemals hörten, wenn es sich darum handelte, Deutschland als ein Ganzes zu vertreten. Allein, es wird auch der Unterhandlungen nicht bedürfen. Wahrlich, diejenigen leisten den Regierungen einen sehr schlimmen Dienst, die sie darstellen als etwas, was außerhalb uns, d. h. außerhalb des Volkes steht; man sagt uns ja immer: »Die Regierungen sind jetzt volkstümlich, sie sind aus dem Volke hervorgegangen, sie gehören dem Volke an.«

36 Die liberale Mehrheit der Frankfurter Nationalversammlung wollte als provisorische Zentralgewalt ein Direktorium aus drei von den Regierungen der Einzelstaaten vorzuschlagenden Männern einsetzen. Das Dreierdirektorium sollte sich gegenüber der Nationalversammlung nicht rechtfertigen müssen.

Nun wohlan! Wenn das wahr ist, so vertreten wir sie mit, wir vertreten nicht den Einzelnen, nicht den Stand, keine Kaste. Wir vertreten das Volk und die Regierungen, sie gehören zum Volk; mindestens sollen sie zum Volk gehören. Wo das nicht der Fall wäre, dass die Regierungen im Volk aufgingen, nun, dann würde nichts vorliegen als die Wahrung der alten Fürsten- und Dynasteninteressen, und wahrlich, ein Volk von 40 Millionen, es würde nicht unterhandeln können mit 34 Menschen, die ihr Sonderinteresse fördern wollen. So ist in unserem Vorschlage nach meiner Überzeugung gewahrt, was sie wahren wollen; das allseitige Recht, die allseitige tatsächliche Stellung ist anerkannt, wenn Sie sich darauf beschränken, zu erklären, was Sie bedürfen, und wenn Sie warten in Beziehung auf die Ausdehnung der Gewalt, bis Sie sie bedürfen.

Man hat uns vielfach in diesen Tagen darauf hingewiesen, es herrsche die Anarchie, und sie trete hervor an diesem und jenem Orte in Deutschland, und das ist wahr, leider ist es wahr; aber fragen Sie, was ist denn diese Anarchie. Ist sie etwas anderes als die Zuckungen der Ungeduld, die in dem gehemmten Leben sich kundgibt, die Zuckungen der Kraft, die nach außen oder nach innen sich geltend machen will? In einer Weise, wie es die Weltgeschichte noch nie gesehen hat, hat das Volk in Deutschland seine Revolution gemacht; es hat mit wenigen Ausnahmen die Gewaltäußerungen gescheut, weil eine revolutionäre Volksversammlung, eine revolutionäre Nationalvertretung im Vorparlament hier zusammentrat und dem Gesamtausdruck seine Geltung zu verschaffen suchte. Es hat sich gemäßigt, weil aus jener revolutionären Volksvertretung eine zweite, gleichartige, wenn auch in anderer Beziehung auf einem Gesetz beruhende Volksvertretung sich gestaltete; verhehlen wir es nicht: eine auf dem Gesetz der Revolution beruhende Versammlung, die ihm versprach, seine Wünsche zur Geltung zu bringen, seine Bedürfnisse zur Wirklichkeit zu machen. Wollen Sie der Anarchie entgegentreten, Sie können es nur durch den innigen Anschluss an die Revolution und ihren bisherigen Gang. Das Direktorium, das Sie schaffen wollen, ist aber kein Anschluss daran; es ist ein Widerstand, es ist Reaktion, es ist Konterrevolution – und die Kraft erregt die Gegenkraft.

Man wirft mitunter schielende Blicke auf einzelne Parteien und Personen und sagt, dass sie die Anarchie, die Wühlerei und wer weiß was wollen. Diese Partei lässt sich den Vorwurf der Wühlerei gern gefallen; sie hat gewühlt ein Menschenalter lang, mit Hintansetzung von Gut und Blut, mindestens von allen den Gütern, die die Erde gewährt; sie hat den Boden ausgehöhlt, auf dem die Tyrannei stand, bis sie fallen musste, und Sie säßen nicht hier, wenn nicht gewühlt worden wäre. *(Stürmischer, anhaltender Beifall in der Versammlung und auf den Galerien.)* (…)

Meine Herren! Es gab einen Staat in Deutschland, der auch stark war, der auf dem historischen Rechtsboden stand, auf Ihrem historischen Rechtsboden, der uns hier so oft vorgeführt wird. (…) Es ist nach meiner Ansicht eine Gotteslästerung der Freiheit, wenn man ihr aufbürdet, dass sie krankt an dem Erbe, welches sie von der Despotie unfreiwillig hat mit übernehmen müssen. Es ist eine Gotteslästerung an der Menschlichkeit, wenn man darauf hinweist, dass dieser Staat achtzigtausend seiner hungernden Brüder hat ernähren müssen. Diese achtzigtausend Hungernden kosten nicht so viel, als der gestürzte Thron gekostet hat, und man kann noch eine Null hinzufügen, und sie kosten immer noch nicht so viel. Abgesehen davon, dass in dem Sumpf, der sich um diesen korrumpierenden Thron ausgebreitet, neben aller Sittlichkeit, Ehre und Tugend auch alle Mittel verschlungen wurden, die nötig waren, um die Hungernden zu ernähren. Auf dem historischen Rechtsboden, auf welchem wir angeblich stehen, hat man in einem ganz ähnlichen Falle die Hungernden lieber der Hungerpest preisgegeben. Dorthin, wo man das Gespenst hervorruft, wird die Freiheit den Kranz des unverwelklichen Dankes niederlegen, wenn sie siegt; und wenn sie unterliegt, wird auch der letzte sehnsüchtige Blick ihres brechenden Auges sich dorthin wenden. Wollen Sie das Himmelsauge brechen sehen und die alte Nacht über unser Volk aufs Neue herausführen, so schaffen Sie Ihre Diktatur. *(Stürmisches Bravo.)*

Zweite Rede[37] zur »provisorischen Zentralgewalt« (Nationalversammlung vom 24. Juni 1848)

In der ernsten Entscheidungsstunde, wo über die wichtigste Angelegenheit, die uns bis jetzt vorlag, Entschluss gefasst werden soll, glaube ich, darauf verzichten zu können, auf Persönliches, was gegen mich vorgebracht worden ist, einzugehen; ich glaube es umso mehr zu können, als ich mich auf ein Gebiet verlieren müsste, welches zu betreten ich ewig verschmähen werde. Im Laufe einer fünftägigen Verhandlung ist es klarer geworden vor unserm Blick über das, was wir wollen und was wir wollen müssen. Wie die Wolken sich teilen und mehr den reinen Himmel zeigen, so sind die Gedanken mehr und mehr herausgelöst worden aus dem, was sie umgab. Die Konsequenzen und Notwendigkeiten haben sich herausgestellt in einer Entschiedenheit, die keinen Zweifel mehr lässt, um was es sich handelt. Es ist von dieser Seite der Reichsstatthalter verlangt worden, d. h. eine Entscheidung über die Monarchie für den Gesamtstaat; es ist von der anderen Seite diese Entscheidung zwar nicht verlangt worden, man hat sie aber hineingelegt, und wir sind weit entfernt, das Prinzip abzuweisen, wenn wir auch bestreiten müssen, dass durch die Ernennung eines Vollziehungsausschusses präjudiziert

37 Als Robert Blum am 24. Juni in der Nationalversammlung zum zweiten Mal über seine Vorstellungen zu einer provisorischen Zentralgewalt redete, war die Haltung der Parteien durch die Debatten und Verhandlungen schon verändert. Der Antrag der Ausschussmajorität, das Bundesdirektorium, fand keine Mehrheit mehr. Klar war aber auch, dass der Antrag Blum-Trützschler ebenfalls keine Chance haben würde. In seiner Rede am 24. Juni 1848 suchte Blum noch einmal, die verhärteten Fronten aufzulösen.

wird, wie hier in Bezug auf die Monarchie. Indessen, ich ehre und anerkenne diese gerade, entschiedene Forderung; ich mag die Halbheiten nicht, sie mögen kommen, woher sie wollen, und der offene Gegner ist mir lieber und ehrenwerter als derjenige, mit dem ich nie und nimmermehr weiß, woran ich bin. Ich sehe Ihre Monarchie viel lieber erstehen als Ihr Direktorium oder ein ähnliches Ding, das in seiner undurchsichtigen Hülle und in unverständlichen Wendungen nicht heraussagt, was es sein soll und was es sein muss. Nur eines habe ich allerdings dagegen, es ist mir gefährlich und scheint mir auf einem großen Irrtum zu beruhen: Die Behauptung, Sie könnten eine konstitutionelle Monarchie schaffen; dies muss ich verneinen. Ich habe dafür nichts anderes entgegenzuhalten, als dass die Bedingung der konstitutionellen Monarchie, das ist die Konstitution, fehlt. Sie haben keine Konstitution, und Sie können folglich nur die absolute Monarchie schaffen. Es hat Sie ein Redner mit eindringlichen Worten an die Gelüste des Menschenherzens gemahnt und behauptet, dass die Gewalt missbraucht werde, wenn sie in schrankenlosem Maße dem Herzen übergeben werde; Sie haben keine Schranke für die Gewalt, die Sie schaffen wollen. Was man heraufbeschworen hat, um uns zur Beruhigung darauf hinzuweisen – die englische Verfassung und die englischen Formen, sie sind für uns nicht vorhanden; Sie können eine Staatenkammer schaffen, Sie können ein verantwortliches Ministerium schaffen, Sie können schaffen, was Sie für das Bedürfnis der Zeit geeignet halten, wenn Sie eine Verfassung haben, wenn Sie Schranken haben für Ihre Gewalt. Sie können nichts schaffen als Worte und tote Formen, solange Sie diese Schranken nicht haben. Ob Sie es wagen wollen in dem gegenwärtigen Augenblick, wo man mit aller Versicherung der Liebe und Treue zu den Fürsten doch nun und nimmermehr die Tatsachen hinwegleugnen kann, die uns auf jedem Schritt, auf jedem Blick begegnen und zeigen, dass die Dinge schwanken, dass das Misstrauen wuchert, nicht das Vertrauen, welches keine Regierung, d. h. kein Ministerium besitzt, dass ein ewiges Werden vorhanden ist und kein Sein; ob Sie es wagen wollen, in dem Augenblick eine Gewalt zu schaffen, auf welche Sie dieses Misstrauen des ganzen Volkes konzentrieren; ob Sie nicht fürchten, dass dieselbe unter diesem Misstrauen erliegen werde, das muss ich Ihnen überlassen. Ich bin der Überzeugung, dass bei der Gestaltung der künftigen Verfassung ein Staatenhaus uns notwendig ist; aber Sie werden sich sehr täuschen, wenn Sie in dem alten Bundestag[38] dieses Staatenhaus zu finden meinen.

Es ist darüber geklagt worden, dass man sich mit ungerechten Beschuldigungen gegen die »anderen« Menschen wendet, die in den Bundestag gekommen sind, und diese Klage mag gerechtfertigt sein; aber, meine Herren, vergessen wir doch nicht, dass die Menschen den Bundestag nicht anders machen können. Wenn Sie ein Kloster, ein Jesuitenkloster haben, und die alten Mönche hinausschicken und neue, junge, andersdenkende hineinsetzen, haben Sie dann etwas anderes als ein Jesuitenkloster? Sie haben dasselbe, bis Sie die Satzung des heiligen Loyola[39] vernichtet haben, und

38 *Bundestag:* die in Frankfurt am Main unter Vorsitz Österreichs tagende Bundesversammlung; das einziges Bundesorgan des durch den Wiener Kongress geschaffenen Deutschen Bundes.

39 *Ignatius von Loyola* (1491–1556) war der wichtigste Mitbegründer und Gestalter der »Gesellschaft Jesu«, des Jesuitenordens.

Sie haben den alten Bundestag mit seinen Ausnahmegesetzen (...), bis Sie die alte Bundesakte und die Stellung einer bloßen Fürstenvertretung vernichtet haben. Verlangen Sie von dem Volke nicht das Unmögliche, verlangen Sie nicht, dass es in einer Anstalt, die 30 Jahre lang gleichbedeutend war mit seinem Unglück, mit seiner Knechtung und mit seiner tiefen Schmach, binnen drei Monaten eine Anstalt seines Heils erblicken solle. Es wird eine spätere Zeit geben, wo über das Prinzip der Monarchie und der Republik an der Spitze des Gesamtstaats die Meinungen hier ausgetauscht werden. Ich verzichte jetzt darauf, aber bemerken muss ich wenigstens, dass die Stellung eines auf Zeitdauer ernannten, wechselnden Präsidenten wahrlich für den niederen Ehrgeiz weniger lockend ist als die Stellung eines Monarchen. Es ist wohl überflüssig, Sie auf die blutigen und entsetzlichen Belege hinzuweisen, die unsere Geschichte uns dafür gibt. Die Mehrheit der Kommission sowohl als die verschiedenen Unter-Anträge, welche gekommen sind, wollen eine Vereinbarung. Sie wollen die Regierungen als etwas Besonderes außer dem Volke und folglich außer uns Stehendes betrachtet wissen, und mit ihnen unterhandeln. Man hat uns zugerufen, wir sollen den Gebeugten nicht ganz niederdrücken; man hat uns gesagt, wir sollen doch dieses »armselige Zugeständnis« machen, wir sollen anerkennen, dass wir allmächtig sind, aber freiwillig darauf verzichten.

Meine Herren! Es wird uns vielfach vorgeworfen, dass wir mit den Regierungen auf einem weit schlechteren Fuße stünden als andere in dieser Versammlung. Aber ich sage Ihnen offen, als die tatsächlichen Träger der Gewalt in den einzelnen Staaten achte ich die Regierungen zu hoch, als dass ich in solcher Weise mit ihnen unterhandeln möchte. Die widerstrebende Kraft ehrt man durch Kampf, die überwundene ehrt man durch Schonung. Eine Hingabe, eine Verständigung, die keine ist, kommt mir vor wie der freie Wille desjenigen, dem man eine Pistole auf die Brust setzt und sagt: *la bourse ou la vie!* (»Geld oder Leben«). Ich will die Regierungen anerkannt wissen in der Gewalt, die sie noch haben, und deshalb ihnen keine entehrenden Anerbieten machen. Entehrend aber scheint es mir, wenn man hier von ihrer Gewalt und ihrer Kraft spricht, und sie dann so behandelt, dass man ihnen zumutet, binnen 14 Tagen sollen sie selbst sagen, wer die Gewalt tragen solle, die man ihnen abnimmt. Ich will auf die Volkssouveränität nicht zurückkommen, aber hinweisen muss ich darauf, dass der Antrag auf ein Direktorium nichts anderes ist als eine vollständige Aufwärmung der alten Wirtschaft. In dem Direktorium liegt nicht das, was wir bedürfen, nämlich der Bundesstaat, sondern der alte Staatenbund mit seinen Sonderinteressen und seiner Zersplitterung. Dieses Direktorium ist meines Erachtens bereits verurteilt.

Ich komme nun auf den Punkt der Verantwortlichkeit und damit auf dasjenige Prinzip, worauf meine Gesinnungsgenossen bestehen zu müssen überzeugt sind, auf das eine Prinzip, hinsichtlich dessen sie den gesetzlichen Antrag stellen werden, dass man mit seinem Namen dafür oder dagegen auftrete. Wir haben die Verantwortlichkeit verlangt, und man hat uns gesagt, sie sei nicht notwendig, hat aber keine Gründe dafür vorgebracht, sondern nur Worte und Redensarten, die völlig vormärzlich sind. Die Regierungen, hat man behauptet, können und werden nicht ernennen, was dem Volke nicht genehm ist, müssen dasjenige tun, was man verlangt. Oh, meine Herren, schwimmen Sie nicht auf diesem Meer des Vertrauens! Es hat von jeher nur Wasser genug gehabt für die flachen Fahrzeuge der Staatszeitungen und ihrer Genossenschaften. Dieses bisschen Fahrwasser war eingedämmt durch die Schleusen der Zensur und der Ausnahmegesetze, und mit der Sprengung derselben ist es ein Sumpf geworden. Es ist nicht wahr, es ist kein Vertrauen in Deutschland, und derjenige wahrlich muss blind sein, der es behauptet. Ich frage Sie auch ferner, wann denn die Gewalt zustande kommen solle, die Sie durch eine Vereinbarung schaffen wollen. Ich will Sie nicht auf die Schwierigkeiten der Einigung über eine solche Wahl, nicht auf den notwendigen Aufenthalt hinweisen, den die Vorverhandlungen der deutschen Fürsten selbst unerlässlich machen. Nur daran will ich erinnern, dass die Fürsten einen Teil der inneren Regierungsgewalt nicht abtreten dürfen, und die Männer des historischen Rechtsbodens, die uns trotzdem versichern, dass ihre Schöpfung binnen wenigen Tagen fertig sein könne, mögen doch nicht vergessen, dass in den Einzelstaaten die Zustimmung der Stände notwendig ist. Ich kann und will nicht behaupten, dass dies nach allen Verfassungen der Fall sei; allein nach dem § 2 der sächsischen Verfassung ist dem so, und was Ihnen Schaffrath[40] verkündigt hat, muss ich bestätigen. Unterliegt er hier, als Mitglied der sächsischen Ständeversammlung, siegt er woanders; denn die sächsische Stände-

40 Wilhelm Schaffrath war als Jurist in Leipzig ansässig und ein enger Freund von Robert Blum, mit dem er u.a. die oppositionellen Sächsischen Vaterlandsblätter herausgab. 1848 war er wie Blum Mitglied des Vorparlaments und wurde ebenfalls in die Nationalversammlung, das Frankfurter Paulskirchenparlament, gewählt.

Versammlung – wie schlimm es auch ist, zu prophezeien, ich prophezeie es doch – gibt, wie ich glaube, die Erlaubnis zur Gründung einer solchen Gewalt jetzt noch nicht. Alle diese Schwierigkeiten, die Sie bis jetzt vor Ihren Blicken gesehen haben, fallen nach unserer Überzeugung weg, wenn wir einen Vollziehungsausschuss ernennen. Es bedarf nichts weiter als der Wahl, und diese geht hier von uns aus. Die Regierungen sollen nichts abtreten von ihren Regierungsrechten im Innern, jener Ausschuss soll nichts haben, als die Vertretung und Verteidigung des Vaterlandes nach außen; er ist durch die Nationalversammlung gewählt, und deshalb im Notfall von ihr zu entfernen; er ist der Nationalversammlung verantwortlich, und diese Verantwortlichkeit sehe ich eben nur in der Entfernung. Man hat uns zwar gestern darauf hingewiesen, es sei das Direktorium oder der Reichsstatthalter der Nachwelt verantwortlich. Das ist sehr wahr. Aber Nero und Caligula, Philipp II. und sein Henker Alba waren der Nachwelt auch verantwortlich. Hat sie dies aber gehindert, Taten zu vollführen, vor denen sich noch heute das Haar des Menschenfreundes emporsträubt? Wir haben endlich die Kompetenz dieses Ausschusses beschränkt, und zwar aus den Gründen beschränkt, die ich gegen die Monarchie geltend gemacht habe, weil wir nämlich eifersüchtig und in heiliger Liebe zur Freiheit über ihrer ärgsten Feindin, nämlich die Gewalt, wachen und dieselbe so viel als möglich einschränken wollen, bis die Freiheit diejenige Grundlage gewonnen hat, auf der sie bestehen kann. Auch nur in dieser Beziehung weichen wir von unseren Freunden, mit denen wir sonst innig verbunden sind, ab. Wir wollen etwas weniger Gewalt geben, wo es möglich ist, sie zurückzuhalten;

wir wollen wenigstens die Not an uns herantreten lassen, ehe wir mehr geben. Schließlich ist dann auch unser Vorschlag wohlfeiler, und wenn wir auch zugeben, dass bei dem, was notwendig ist, es sich nicht darum handelt, einen verhältnismäßig geringen Betrag an Kosten zu sparen, so müssen wir doch, indem wir die Notwendigkeit bestreiten, auch diese Seite ins Auge fassen, besonders in dem Augenblicke, wo das ganze Volk unter dem gewaltigen Eindruck der letzten Zeit seufzt, und wo die Not herrscht von einer Grenze des Vaterlandes bis zur andern. Die Freiheit der Wahl durch diese Versammlung ist das zweite Prinzip, für das wir die namentliche Abstimmung beantragen werden.

Meine Herren! Man hat uns im Laufe der Zeit vielfach auf die Revolution hingewiesen; man hat uns ermahnt, ihren Schlund zu schließen, und uns gesagt, wir eilten der Schreckensherrschaft entgegen. Aber vergessen Sie doch nicht, dass wir in der Revolution stehen, und lassen Sie den Mann, der von verschiedenen Seiten hier zitiert wurde, ich meine Mirabeau, Ihnen sagen: »Es ist die kindischste Torheit, sich dem einmal rollenden Wagen der Revolution entgegenstemmen zu wollen; man kann nur mutig auf ihn springen und ihn zu lenken suchen, oder man muss sich von ihm zermalmen lassen.« Gewiegte Diplomaten, gewissermaßen grau geworden in der Sphäre ihres Berufs, haben wenige Wochen vor dem Februar verkündigt, der Thron Louis Philipps stehe fest wie Eisen, und wenige Wochen später war er zersplittert. Glauben Sie nicht, dass, wenn Sie einen Deckel legen, da oben auf den Krater oder auf den Abgrund, den Sie schließen zu können behaupten, er damit auch wirklich geschlossen sei. Man sagt: die Weltgeschichte wiederholt sich nicht, und doch wiederholt sie sich so sehr. Unsere Zustände werden von Tag zu Tag denen von 1789 ähnlicher. Sehen Sie die Meinung in den einzelnen Truppenkorps bei uns, sehen Sie dieses Drängen, möchte ich sagen, nach äußerem Krieg, sehen Sie das Bestreben, die tatsächlich zerfallene Gewalt wieder herzustellen, sehen Sie die furchtbare Besetzung der Grenze, wohin sich die Liebe und die Sympathie des Volks wendet, weil dort die Freiheit wohnt; dagegen die Vernachlässigung, möchte ich fast sagen, wenigstens die unbegreifliche Schutzloslassung der anderen Seite, wo die Tyrannei wohnt, und wo sich des Volkes Hass und Furcht hinwendet. Sehen Sie ferner die beständigen Mahnungen daran, diese »junge« Versammlung solle sich nicht übereilen (…). Alsdann werden Sie in diesen wenigen Zügen schon die außerordentliche Ähnlichkeit unserer Zustände mit jenen erblicken. Unsere Aufgabe ist es, aus der Geschichte zu lernen, nicht ihre Lehren zu missachten, und dann können wir es nicht verhehlen, dass die Schreckensherrschaft, die man uns aufgestellt hat, nicht zu Paris, sondern zu Pillnitz[41] und Koblenz geboren worden ist, wo man den eitlen Versuch machte, eine zu Grunde gegangene Gewalt wieder herzustellen. (…) Lassen Sie diese Lehre der Geschichte nicht vorübergehen. Wahrscheinlich vermögen wir noch der Revolution, die tatsächlich da ist, eine andere Bahn zuzuweisen, wenn wir ihr gerecht werden. Man hat gestern die Freiheit verglichen mit der Liebe zum Weibe, und eine Zeitung unseres Nachbarstaates, eine französische, hat jüngst behauptet, das deutsche

41 Die *Pillnitzer Deklaration* vom 27. August 1791 war eine Erklärung der beiden deutschen Großmächte Österreich und Preußen zur Unterstützung König Ludwigs XVI. von Frankreich.

Volk sei zu alt geworden, um in kühnem Griff, in männlicher Umarmung sich die holdeste Braut: die Freiheit zu erobern und sie unzertrennlich an sein Herz zu drücken. Man hat gesehen, dass die Schrecken einer einzigen Nacht die Haare bleichen und den Menschen zum Greis machen können. Wie sollte das Herz eines Volkes nicht abstumpfen können unter einer dreißigjährigen Tyrannei, wie sollte es nicht alt werden unter der Knechtschaft eines Menschenalters! Aber auch das alte Herz kann lieben, und es liebt inniger, wenn auch ruhiger als das junge, weil es das Bewusstsein in sich trägt, dass der Liebesfrühling ihm nur noch einmal kommt. Es wird für die Erkorene in die Schranken treten, nicht mit der Aufwallung des Jünglings, aber mit der vollen Kraft des reifen Mannes. Überliefern Sie die Braut des besonnenen deutschen Volkes nicht ihrem ärgsten Todfeind: der Gewalt![42]

42 Heinrich von Gagern, Präsident der Nationalversammlung, schlug im Anschluss vor, dass die Nationalversammlung bis zur Verabschiedung einer Reichsverfassung und der Bestellung eines endgültigen Staatsoberhauptes einen Reichsverweser (einen Vertreter des Monarchen) für die Leitung der Exekutive wählen solle. Und er empfahl für dieses Amt den Erzherzog Johann von Österreich. Ein Plan, der auf große Zustimmung stieß. Am 28. Juni wurde das Reichsgesetz über die Einführung einer provisorischen Zentralgewalt für Deutschland mit 450 Ja-Stimmen bei 100 Nein-Stimmen von der Nationalversammlung verabschiedet. Einen Tag später, am 29. Juni, wurde Erzherzog Johann von 436 der 548 anwesenden Abgeordneten gewählt.

Die Stellung der Soldaten in Deutschland

(Rede im Leipziger Redeübungsverein[43] am 6. März 1848)

Einen eigentlichen Vortrag zu halten, habe ich allerdings nicht in der Absicht, wohl aber einen Gegenstand mitten aus dem Leben herauszugreifen, auf seine Wichtigkeit und Bedeutsamkeit aufmerksam zu machen, und wenn diese anerkannt, bei den Dingen, die uns möglicherweise begegnen können, jedermann aufzufordern, danach zu handeln.

Mein Vorgänger hat Ihnen gesagt, was die Herzen der Menschen so oft bewegt, wenn sie in Stunden der Gefahr an die Verwirklichung einer Idee ihr Alles setzen: ihre Habe, ihr Glück, ihr Gut und Blut, alles, was man im Leben Angenehmes hat. In Frankreich, wo uns ein so schönes Beispiel gegeben ist, zu welchem großen Taten die erkannte Idee hinreißt, paart sich damit ein großes Schauspiel, was wir bis jetzt nicht ins Auge gefasst haben. Ein Volk steht auf für die Errettung seiner früheren Errungenschaften, die es durch ein zweimaliges Blutvergießen sich begründet und durch die Bildung langer Jahre sich errungen hat.

Diesem Volk gegenüber steht eine bewaffnete Macht, dieselbe Sprache sprechend, demselben Stamme entsprungen, Kinder derselben Mütter auf dieser, auf jener Seite. Was werden sie tun, die sich gegenüberstehen? Sich zerfleischen im blutigen Kampf oder gemeinschaftlich an die Freiheit denken? So fragt man sich beim Anblick der bewaffneten Bürger eines Landes, die mutig den Aufstand beginnen in

43 *Leipziger Redeübungsverein:* Eine von Blum 1845 gegründete Organisation der radikalen Demokraten, die ständig vom Zugriff der Behörden bedroht war.

dem Bewusstsein, dass ihr Gedanke für die Freiheit stärker ist als die Kugel, die ihnen entgegenfliegt. Die Geschichte der letzten Tage hat uns gezeigt, dass sie nur einen Augenblick sich geschlagen, dann die Hände sich einander gereicht, wie zwei Brüder es tun müssen, wie zwei Männer, die ein Ziel haben, sind sie vereint dem Ziel entgegen gegangen, welches sie sich gesteckt hatten, und es ward Frieden in den Räumen, statt dass der Krieg wütete. Weshalb? Weil nicht, wie anderwärts, zwischen den Bürgern ein und desselben Staates eine Trennung, ich will nicht sagen eine Feindschaft, künstlich hervorgerufen (...) wurde.

Weil der Soldat es wusste und fühlte, dass er erst Franzose gewesen ist und dann erst Soldat wurde, und wieder Franzose sein wird, wenn er aufhört, Soldat zu sein, weil nicht verschiedene Interessen, verschiedene Institutionen, verschiedene Rechte und verschiedene Pflichten den bewaffneten und unbewaffneten Bürger voneinander trennen und die Bildung der Bevölkerung ein Gemeingut geworden ist.

Wo die Scheidewände aufgehoben sind, die zwischen den verschiedenen Teilen der Bevölkerung stattfinden, und wo sie gemeinschaftlich seufzen unter dem schweren Joch der Knechtschaft, da sehen wir gewöhnlich dieselbe Erscheinung, dass, wenn die Herzen und die Arme sich erheben gegen die Unterdrückung, der bewaffnete und der unbewaffnete Bürger sich als Bruder erkennen und eine Pflicht und ein Ziel sie vereinigt.

Leider ist es bei uns anders. Wir dürfen uns nicht versehen dieser inneren Zuneigung, dieser brüderlichen Harmonie, dieses treulichen Aneinanderschlusses der bewaffneten Söhne unseres Vaterlandes und der unbewaffneten.

Mehr als irgend in einem anderen Land haben wir es in den letzten 30 Jahren erfahren müssen, dass die Abneigung, dass die Feindschaft zwischen diesen beiden Klassen der Bevölkerung gestiegen und hin und wieder zu einem traurigen Ausbruch gekommen ist.

Woher das? Weil wir niemals zusammenstanden und zusammenstehen; weil man es durch künstliche Gesetze dahin gebracht hat, den Soldaten, den bewaffneten Bürger zu einer bloßen Maschine zu machen; weil man einen Teil der Bewohner des Landes und den Landmann durch schlechte, absichtlich schlecht erhaltene Einrichtung des Schulwesens aus Scheu und Furcht nicht an dem großen Geistesschatz des Volkes teilnehmen lässt, sondern ihm nur die allerkümmerlichste Nahrung davon reicht, während der Vergünstigtere sich einen weit höheren Grad von Bildung aneignen kann. Man hat ihm einen höheren Grad von Bildung abgeschnitten, damit man ihn besser zum Soldaten, zur willenlosen Mordmaschine abrichten kann. Der arme Handwerker und Bauer, der nichts hat als seine Arbeit, seinen Pflug, man nimmt ihn davon weg und steckt ihn jahrelang in eine ihm fremde Genossenschaft, mit deren geistigem Leben er keine Verschmelzung findet und finden kann. Man zwingt ihn zu einem gedankenlosen Gehorsam und befiehlt ihm, keinem weiteren Gedanken Raum zu geben, als dass der Mensch zur Knechtschaft geboren und einem Einzigen »von Gottes Gnaden« dienstbar sei. Man bläute es ihm ein, augenblicklichst untertänigst zu folgen, wenn ihm auch das Unsinnigste geboten werde.

Können wir uns darüber wundern, wenn bei dieser die Menschheit entwürdigenden Behandlung in einzelnen

Erscheinungen sich die Brutalität der sogenannten Soldateska auf eine furchtbare Weise geltend macht? Können wir die Menschen verdammen, die gegen ihre unbewaffneten Mitbürger sie ausübten? Wir können es nicht! Wir müssen sie beklagen, dass sie so tief gesunken sind, bloße Maschinen zu werden und nicht denken zu dürfen über das, was sie tun sollen. Wir müssen sie beklagen, weil sie unverdienterweise den Hass und die Abneigung ihrer Mitbürger auf sich zogen. Es wird eine neue Zeit kommen müssen, bevor wir ausgleichen können, was gesündigt worden ist. Wenn wir erst ein bewaffnetes Volk haben, dann brauchen wir keine bewaffnete Macht mehr, und der Unterschied schwindet von selbst. Allein, solange wir noch die bewaffnete Macht haben, solange wir der Gefahr ausgesetzt sind, dass der Irrtum, der in Kopf und Herz sitzt, unser Leben kosten kann, so lange müssen wir uns ernstlich fragen: Was haben wir diesem traurigen Zustand gegenüber zu tun?

Wir haben vor allen Dingen zu erkennen, dass die Verhältnisse so traurig sind, wie sie geschildert wurden, und dann haben wir uns zu sagen: Der bewaffnete Sohn des Landes ist nicht schuld daran, dass er nicht mitfühlt, was der Unbewaffnete fühlt; er ist nicht schuld daran, dass er nicht mitdenkt, was ein unbewaffneter Bruder denkt, dass er nicht dasselbe Verlangen und dasselbe Ziel hat wie sein unbewaffneter Bruder. Wir müssen ihn beklagen, und je mehr wir ihn zu beklagen Ursache haben, umso mehr müssen wir ihn lieben. Aber wie können wir ihm diese Liebe kundtun? Dadurch, dass wir bei jeder Gelegenheit vergessen, wo er geirrt hat, geirrt hat ohne seine Schuld. Dass wir ihm entgegenkommen, dass wir ihm sagen: Wir sind Söhne eines

Landes, wir haben ein Ziel, wie uns ein Volk geboren hat, wir haben ganz dasselbe zu tun. Die Wehen, die uns drücken, sie drücken auch Dich! Wir seufzen unter der Bevormundung der Schreibstubenherrschaft. Du seufzest unter der Despotie, die Dich noch viel mehr knechtet, wie wir geknechtet sind. Wir seufzen gemeinschaftlich unter der schweren Last, die wir zu tragen haben, um diese Schreibstubenherrschaft unseren Peinigern zu erhalten.

Du, indem du Dein Kommissbrot scheinbar ruhig verzehrst, seufzt, wenn Du an Deinen Pflug denkst, an Deine Mutter, die Du am verwaisten Pflug zurückgelassen hast, denn Dein Arm fehlt, und die Wirtschaft geht zurück, aber sie ist dennoch mit Steuern überlastet, die Deine armen Eltern bezahlen müssen, damit Du und Deine Genossen, die Soldaten, die paar Pfennige bekommen könnt, bei denen Ihr noch dazu darbt. Und die Deinen sind dahin gekommen, dass sie Dir nicht einmal die Unterstützung geben können, die Du bedarfst.

Wir müssen ihm sagen: In dem Augenblicke, wo sich Deine Brüder, wo sich Deine Umgebung erhebt gegen einen Druck, den sie nicht mehr tragen können – da wirst auch Du frei, da wirst Du ein Mensch aus einem Soldaten, der Du jetzt bist, da wirst Du ein Bürger, der mit genießen kann in dem Augenblick, wo die Bevorzugung aufgehoben wird, da werden auch die Bevorzugungen aufgehoben, die Dich jetzt zwingen, sechs Jahre zu dienen, während andere sich loskaufen, denen die Zeit weniger kostbar ist wie Dir. Dann wird die Wehrpflicht für alle heilig, der sich niemand entziehen darf. Du brauchst nicht lange sechs Jahre von Deinem Feld oder Handwerk wegzugehen, um nachher herausgerissen zu sein, und die große Mühe einer neuen Lehre kannst Du ersparen.

Nicht Laune und Gunst geben Dir dann Deine Oberen, sondern Deine freie Wahl sucht sie; nicht der Adel bestimmt Deine Stellung, sondern das Verdienst; Du bist nicht ihr Sklave, den sie misshandeln, Du bist ihresgleichen, bist ihr Waffenbruder, kannst jeden Augenblick dasselbe werden, wenn Du's verdienst. Nehmen wir uns vor, so gegen unsere bewaffneten Brüder zu handeln, sie so zu belehren, dann werden sie auch uns lieben, werden mit uns sein. Fassen wir diesen Entschluss auf der Stelle, wo wir stehen, und wir werden nicht mit Besorgnis auf die Zukunft hinzusehen brauchen, auf die nächste Zukunft, die uns in einen Zwiespalt bringen könnte.

In dem Augenblick, wo sie auftreten, unsere bewaffneten Brüder, verkünden wir ihnen diese Brüderlichkeit umso lauter und freudiger, als sie es jetzt gewohnt gewesen waren, nirgends ein Zeichen der Liebe und Teilnahme zu hören.

Vergessen wir die Verirrungen und schieben wir die traurigen und schweren Folgen derselben auf das Elend, welches auf dem ganzen Vaterland lastet, auf das fluchwürdige System der Unwahrheit und Rechtsverkrümmung. Treten wir ihnen entgegen und machen wir Ihnen begreiflich, dass wir einen Feind und eine Freiheit haben; einen Feind, den wir entweder gemeinschaftlich besiegen oder dem wir gemeinschaftlich unterliegen müssen. Alles dies ist nach meiner Ansicht in dem gegenwärtigen Augenblick umso ernster, dass wir uns dies bei den jetzigen Bewegungen der Zeit an jedem Tage wiederholen sollten; denken wir daran, in Liebe, Brüderlichkeit und mit Belehrung ihnen entgegenzukommen.

Die Söhne unseres Landes, sie können durch Dressur, durch Irrtum verleitet werden und können das nicht gleich aus dem Herzen herausziehen, wie sie den Rock der Dressur anzogen. Aber machen wir uns zur Pflicht, diese Ansichten der Dinge laut und immerwährend auszusprechen, dann werden wir niemals zu fürchten haben, dass Brüder eines Landes feindlich gegeneinanderstehen, sondern wir werden mit unseren bewaffneten Brüdern Hand in Hand gehen bis zu dem Augenblick, wo es keine Scheidung mehr gibt, wo wir zusammen bewaffnet und zusammen an die Geschäfte des Friedens gehen.

Bericht an die Leipziger Wähler
(vorgetragen[44] am 16. August 1848)

Als ich fortgegangen war von Leipzig, habe ich oft sowohl im Vorparlament als in der Nationalversammlung mit Vergnügen an Leipzig gedacht, und habe es offen und im Privatkreis gesagt, dass die Ordnung in unseren Versammlungen, auch in den Versammlungen der Arbeiter, die man doch zu den weniger Gebildeten zählt und denen jedenfalls alle Übung in solchen Dingen abging, dass sie ein Muster sein könnte für größere und wichtigere Versammlungen. Ich kann nicht glauben, dass dieser Geist verschwunden, sondern ich

44 Als Blum Mitte August 1848, nach fast fünfmonatigem Aufenthalt in Frankfurt für einige Tage nach Leipzig und zu seiner Familie fährt, wird er mit einem gewaltigen Fackelzug begrüßt und gibt vor annähernd zwölftausend Zuhörern eine Art Rechenschaftsbericht über die Arbeit der Nationalversammlung.

glaube vielmehr, dass er wachsender geworden sei. Was wäre auch die Freiheit, wenn sie nicht jedem Menschen und jeder Meinung vergönnt sei? Dies aufs Neue zu bewähren, ist ja auch der ernste Zweck dieser heiligen Versammlung. Ich sage heilig, weil sie nächst dem Zwecke der Beratung über die wichtigsten Angelegenheiten des Vaterlandes, aufs Neue zum Bewusstsein bringen soll, wie reif und würdig das Volk ist für das ihm kaum gewährte und hin und wieder bereits wieder angetastete Assoziationsrecht.

Ich beginne damit, dass ich nach langer Abwesenheit einen herzlichen Gruß an Sie richte, den Gruß, den man den Seinen bringt bei endlichem Wiedersehen. Denn was wäre unser Sein und unser Wirken, wenn wir uns nicht als eine Familie mit den Bürgern betrachten wollten, die wir zu vertreten die Ehre haben?

Eine gewaltige Zeit ist in unserem Vaterland dahingegangen, seit wir uns nicht gesehen. Ein Teil des sächsischen Volkes hat mich gesendet zu dem Vorparlament in einer Zeit, die einzig in ihrer Art dasteht und noch unermesslich ist in ihren Folgen. Vom ersten Augenblick an habe ich mir die Richtschnur für mein Tun gezogen, die, wie ich meine, der Wichtigkeit der Aufgabe entsprach, und ich kann mir das Zeugnis geben, derselben treu geblieben zu sein. Diese Richtschnur war nichts anderes als eine Feststellung und Sicherung der Rechte, die das deutsche Volk zwar im Sturm erobert, aber doch nicht so, wie in anderen Ländern, mit dem Umsturz alles Bestehenden. Groß stand es da in der Art und Weise, wie es die Revolution auf dem Wege des Gesetzes geltend zu machen strebte; auf dem Wege nicht des alten, sondern des neuen Gesetzes, welches seine Vertreter, die es direkt und ohne ängstliche Formen gewählt, schaffen und feststellen sollten.

In diesem Gesetz sehen meine Genossen und ich die Bürgschaft der Einheit unseres Vaterlandes, basiert auf die einzig dauernde Grundlage der Freiheit, durch welche die Größe und Kraft eines Volkes allein wachsen und gedeihen kann. Nur durch die Freiheit glaubten wir die Einheit und mit ihr das Vertrauen, die Wiederkehr des Geschäftsverkehres, der Arbeit und des Wohlstandes herstellen und so eine neue Ordnung an die Stelle des alten Zustandes gründen zu können. Dies zu erzielen, erachteten für den Staat und das Wohl des Staates wir vor allem die Feststellung der Grundrechte des deutschen Volkes im Vorparlament für notwendig, wie alle Völker sie festgestellt haben bei ihrer Erhebung. Es war daher der erste Beruf derer, die man die Linke nennt, dem deutschen Volke vor allem diese Rechte zu sichern vor jedem Wechselfall und auf sofortige Beratung dieses Gegenstandes zu dringen. Allerdings kann man nicht leugnen, dass die Gründe gewaltig und gewichtig waren, welche eine Verwaltung zu verschieben rieten, die nicht nur Tage, sondern Wochen bedurfte, wenn die Materialien mit Umsicht und Sorgfalt geordnet werden sollten, und man konnte nicht verkennen, dass das Vorparlament nicht dazu geeignet sei, diese Arbeit zu unternehmen, wenn es in den Grenzen bliebe, die es sich gezogen hatte. So entsprang der zweite Antrag aus dem ersten, dass das Vorparlament sich für permanent erklärte, bis eine gewählte Volksversammlung es ablöse. Der Vorschlag fiel durch, und ich bekenne, dass es mich mit Freude und Stolz erfüllt, zu den 193 gehört zu haben, die für die Permanenz stimmten; es ist jetzt nicht mehr bloß mein Urteil, sondern dass Urteil Deutschlands geworden, dass vieles nicht so gekommen wäre, wenn die Versammlung zusammenblieb; dass die Sonderinteressen der Dynastien und der Partikularismus nicht ihr Haupt erhoben haben würden, wie jetzt; dass man früher binnen sechs Wochen erzielt haben würde, wozu man jetzt so viele Monate gebraucht und doch am Erfolg zweifeln muss. Dieser Sinn lag in dem Antrag auf Permanenz, man beschäftigte sich indessen nur mit der Berufung der konstituierenden Versammlung.

Es handelte sich nun darum, dass die Wahlen zu dieser Versammlung so allgemein als möglich wurden, damit eine wahre Volksvertretung nach Frankfurt komme; in diesem Sinne habe ich für das Wahlgesetz gewirkt, welches zwar für unsere Verhältnisse so freisinnig wie möglich war, welches uns aber doch gelehrt hat, dass man in solchen Dingen auch an das Einzelne denken muss. Die engherzige Auslegung der Bestimmungen dieses Wahlgesetzes in einzelnen Staaten, die Verkürzung des Wahlrechtes für einen großen Teil unserer Mitbürger hat uns reiche Erfahrungen machen lassen; sie werden nicht verloren sein für das Wahlgesetz für die Reichsvertretung und man wird hoffentlich in demselben dem ganzen Volke gerecht werden.

Vom Vorparlament wurde mir die Ehre zuteil, in den Ausschuss gewählt zu werden, welcher über die Ausführung der Beschlüsse desselben wachen, die allgemeinen Wahlen befördern und die baldigste Berufung der konstituierenden Versammlung vermitteln sollte. Dieser Ausschuss stellte sich zur Aufgabe, mit gleicher Entschiedenheit gegen die Reaktion wie gegen die Anarchie einzuschreiten und ist dieser Devise getreu geblieben bis an sein Ende. Er hat mit Unerschrockenheit der Reaktion sich entgegengestellt, wo sie sich blicken ließ, und hat den drohenden Bürgerkrieg verfolgt, bis in sein Waffenlager. Ich habe, wie die Verhandlungen zeigen, beiden Richtungen die Unterstützung angedeihen lassen, die in meiner Kraft stand. Wir haben allerdings vergebens versucht, der engherzigen Auslegung des Wortes »selbstständig« entgegenzutreten, vergebens versucht, andere Wahlen zu erzielen, wo man dieselben gegen das Wahlgesetz beengt und beschränkt hatte[45]; der Drang des Augenblicks war so groß, dass man hin und wieder durch die Finger sehen musste, um nur das Ganze zustande zu bringen. Der Fünfzigerausschuss hat mir, wie Ihnen bekannt sein wird, die Ehre zuteilwerden lassen, mich als Kommissär nach Köln, Koblenz, Aachen usw. mit anderen Mitgliedern zu senden, wo schwere Gewalttaten, die niemals zu rechtfertigen oder zu billigen sind, die Ruhe und den Verkehr störten; ich habe mich bestrebt, nach Kräften die Einheit, das Recht, den Frieden zu befördern, und diejenigen, welche mich gesandt hatten, waren mit mir zufrieden. (…)

In der Nationalversammlung war es ebenfalls die früher angedeutete Richtschnur, die meiner Freunde und mein Wirken bestimmte: dass dieses Jahrhunderte lang zerrissene, zersplitterte und dadurch tief gesunkene Deutschland eins werde; eins auf der Grundlage der Freiheit, und dass

45 Wählen durften nur »Selbstständige«, was unterschiedlich ausgelegt wurde. In manchen Ländern wie Preußen waren nur die Empfänger öffentlicher Armenunterstützung von der Wahl ausgeschlossen, in Österreich und anderen Staaten auch Tagelöhner, Dienstboten oder Handwerker.

des schwer gedrückten Volkes Last, soweit es die großen Bedürfnisse einer Revolution zulassen, gemindert und gelindert würde. Und ich wiederhole, ich glaube nicht, dass wir in irgendeinem Schritt von diesem Pfad gewichen sind. Was die Einheit unseres Vaterlandes zu stören drohte, das haben wir bekämpft. Als man in mehreren Staaten konstituierende Versammlungen berief, namentlich in den zwei größten Staaten unseres Vaterlandes, haben wir darin Gefahr für die Einheit gesehen, wir haben gefürchtet, dass, wenn man in Berlin und Wien etwas anderes beschließt als in Frankfurt, mindestens in langen Verhandlungen die Zeit verloren oder gar ein Zerwürfnis herbeigerufen werden könne, was ewig beklagenswert sein würde.

Aus dieser Ansicht entspann sich die Verhandlung über den Raveauxschen Antrag, infolgedessen die Nationalversammlung die Bestimmungen der Einzelverfassungen, welche mit der allgemeinen Verfassung in Widerspruch stehen, für ungültig erklärte. Gefährlich für die Einheit erachteten wir es, wenn es einzelnen Staaten gestattet sei, Friedensschlüsse nach eigner Willkür abzuschließen, weil dann leicht das Interesse dieser einzelnen Staaten dem der Gesamtheit vorgezogen werden oder der Friede geschlossen werden könne, bevor es Zeit sei. Daran knüpfte sich die Verhandlung über die schleswig-holsteinische Angelegenheit und der Antrag, dass kein Friedensschluss und kein Waffenstillstand ohne die Genehmigung der Nationalversammlung geschlossen werden dürfen; ein Antrag, der leider damals durchgefallen ist, obgleich man fast mit Notwendigkeit darauf eingehen musste, da es keine andere Vertretung Deutschlands gab. Für nicht weniger gefährlich hielten wir die Zentralgewalt, so wie sie geschaffen worden ist, mit einem unverantwortlichen Reichsverweser an der Spitze. Wir fürchteten, dass ein solcher fürstlicher Reichsverweser in souveräner Stellung den alten Streit zwischen Hohenzollern und Habsburg wieder erneuern könne; dass das Institut, welches den Mittelpunkt der Einheit bilden sollte, den Anlass zum Zwiespalt zu geben geeignet sei.

In diesem Augenblick ist es nicht mehr nötig zu sagen, dass die Furcht wohl begründet war. Sie haben in den letzten Wochen gesehen, wie stark diese Eifersucht ist, und Erscheinungen sind zu Tage gekommen, die man vier Monate nach der Revolution für unmöglich hätte halten müssen.

Wir wollen hoffen, dass der Gedanke der Einheit stark genug ist, diese Sondergelüste zu bewältigen; aber das muss ich aussprechen, dass ich glaube, eine Zentralgewalt, wie ich sie gewollt, war nicht imstande, die Eifersucht in dieser Weise rege zu machen. Wir wollten nicht mit Kartätschen schießen, wo uns die Handwaffe zu genügen schien; in dem Vertrauen, dass es den Regierungen ernst sei um die Freiheit und Einheit, wollten wir die Zentralgewalt beauftragt sehen mit der Vollziehung der Beschlüsse der Nationalversammlung, wir wollten keine Regierung mit Ministern und Unterministern, sondern nur einen Vollziehungsausschuss, der die Regierungen völlig unangetastet ließ, sofern sie ihren Versprechungen treu blieben. Erst dann, wenn die Verfassung fertig geworden war, wenn die Regierungen einsehen konnten, was die Einheit von ihnen forderte und was ihnen bleiben sollte; wenn sie Ruhe und Sicherheit hatten hinsichtlich der Gewährleistung des Bleibenden, dann wollten wir *eine* wirkliche Staatsgewalt für das Ganze schaffen.

Wir sind unterlegen und haben jetzt im Interesse unseres Vaterlandes einen Wunsch nur: dass die Mehrheit diesen Schritt niemals bereuen möge! Dann werden wir gerne gestehen, dass wir uns geirrt haben.

Allein, leider können wir uns nicht verhehlen, dass die Sondergelüste gewaltig sich regen; nicht bloß in einem großen deutschen Staat, auch rückwirkend auf Frankfurt, in der Nationalversammlung.

Ich habe die Ehre, dem Verfassungsausschuss anzugehören, und mit Schmerz muss ich es sagen, auch dort tut sich bereits die gewaltige Wirkung der Sonderbestrebungen kund. Sie werden sich alle erinnern, dass in den Tagen des März schon die süddeutschen Staaten zusammentraten, um an die Neugestaltung Deutschlands Hand zu legen; dass man damals als das Mindeste der Einheit die Vertretung Deutschlands nach außen, das Militärwesen, die Zölle, die Posten, Münze, Maß und Gewicht usw. in die Hand des Reichs gelegt wissen wollte. Die sächsische Regierung, die sich zuvorkommend und bereitwillig, wie so oft bei den Forderungen der Neuzeit, diesen Vorschlägen anschloss, gab denselben die Verstärkung ihrer Zustimmung und mit derselben wurden sie in den Märztagen nach Berlin gebracht, und von dort haben wir bald die Nachricht zurückerhalten, dass man diese Grundlage als notwendig anerkenne. Das ist ganz anders geworden. Man will das Militärwesen Sache des Einzelstaates sein lassen. Ja, man will so weit gehen, die Abtretung der Verteidigungsmittel, der Festungen, abhängig zu machen davon, dass man sie erst bezahlt, ehe man sie zum Schutze Deutschlands verwenden kann. Dies sind Erscheinungen, die ihren Widerhall in der Nationalversammlung finden werden, wie sehr auch die Minderheit dagegen kämpfen mag. Dass es aber nur eine Minderheit ist, ist umso trauriger, als drei Staaten ihre Heere behalten sollen, Österreich, Preußen und Bayern, während man die kleineren entwaffnen will. Wenn ich es auch niemals für ein Glück gehalten habe, dass die kleineren Staaten große Heere halten, so kann ich doch, wenn die Einheit wirklich nur ein schöner Traum gewesen sein sollte, es nimmermehr zugeben, dass die kleinen Staaten den Abrundungs- und Vergrößerungsgelüsten der größeren (…) wehrlos preisgegeben werden. Sie haben so viel Recht wie die großen und sollen nur die Opfer bringen? Dann werde ich ihr Recht vertreten, wie die großen das ihrige vertreten lassen.

So viel also über das Bestreben nach Einheit.

Was die Freiheit des Volkes betrifft, so haben wir die Vermehrung der Militärmacht für gefährlich gehalten. Nicht dass wir im Soldaten etwas anderes sehen als im Bürger, im Gegenteil, keinen innigeren Wunsch kenne ich als den, welchen ich schon im März in diesen Räumen ausgesprochen, dass recht bald die Scheidewand falle, die zwischen dem Soldaten und uns noch gezogen ist. Aber ich habe nicht vergessen, dass gleich von Anbeginn der Bewegung an der laute Ruf erschallte, dass die stehenden Heere vertauscht werden sollten mit einer Volksbewaffnung, und dass diese Volksbewaffnung so schnell wie möglich ins Leben treten möge. Allerdings, so lange Deutschland von irgendeiner Seite bedroht ist, schrecken wir nicht zurück vor dem Gedanken, dass die stehenden Heere im Notfall vermehrt werden müssen bis zu dem Punkt, wo der letzte waffenfähige Mann eintritt; allein, wir schaffen es nicht für den Augenblick, und die stehenden

Heere müssen gesetzlich, wenn nicht abgeschafft, doch vermindert werden bis auf den Punkt, wo es gewissermaßen die Rahmen sind, in welche die Volksbewaffnung eintritt, wie in der Schweiz und in Nordamerika, und in diesem Sinne habe ich gegen die Vermehrung der stehenden Heere gestimmt. Dass stehende Heere häufig ein Werkzeug der rohen Gewalt und der Tyrannei sind, darüber zu sprechen, ist überflüssig. Auch wäre es ungerecht, dem Soldaten die Schuld beizumessen, wenn er am Bürger Schweres verübt hat; wir müssen nur trachten, dass der Unterschied zwischen Soldaten und Bürgern wegfällt und dass dem Soldaten sein heiliges Recht gewährt werde wie uns; jetzt entzieht man ihm dasselbe, behandelt ihn gar noch wie eine Maschine, verkümmert ihm das Petitions- und Versammlungsrecht und zeigt damit, dass man den Soldaten im alten Zustand lassen und zu den alten Gewaltzwecken missbrauchen will. Und dies ist ein neuer mächtiger Grund, gegen die Vermehrung des alten Soldatentums zu stimmen. Endlich werden auch die Kosten des Heeres weit geringer, wenn jeder Waffenfähige geübt wird in den Waffen, aber nicht mehr missbraucht wird zum Soldatenspiel, zu Parademärschen und Manövern, die dem Müßiggänger zum Vergnügen dienen: sondern zu Übungen, welche Ausbildung und Wehrtüchtigkeit zum Zwecke haben.

Ich hielt ferner dafür, dass die Zentralgewalt auch der Freiheit gefährlich sei, weil man die Spitze derselben mit einem unverantwortlichen Herrscher besetzte. Eine ganz neue Staatsweisheit hat uns zwar gesagt, wir hätten verschwiegen oder übersehen, dass dessen Räte verantwortliche Minister seien; allein auf dieser Stufe politischer Kindlichkeit stehen wir nicht, dass wir dieses übersehen hätten. Die

Verantwortlichkeit der Minister versteht sich von selbst, und nicht die Unverantwortlichkeit selbst war es, gegen die wir kämpften, sondern das Kaiserembryo, welches darin lag; die Schöpfung einer neuen Fürstengewalt, die wir nicht an der Spitze des Staates haben wollten. Wenn dieser Gegenstand nützliche Folgen gehabt, so ist es die, dass nach Ernennung des Reichsverwesers die Kaiser-Idee gestorben ist. Selbst in den Köpfen derer, die sie geschaffen haben, ist sie als beseitigt zu betrachten.

Gestatten Sie mir hier eine Abschweifung. Durch den Vorschlag des Vollziehungsausschusses hat man uns republikanischer Tendenzen beschuldigt; wir hatten dieselben zwar für den vorliegenden Fall nicht, aber ich hege die Ansicht, dass nur die republikanische Regierungsform für den Gesamtstaat gut und heilsam ist. Wir wollen das Vaterland nicht aufs Neue den Stürmen preisgeben, welches seine Kaiser Jahrhunderte lang über dasselbe heraufgeführt haben; wir wollen nicht, dass das Kaisertum missbraucht werde zur Erwerbung und Verstärkung einer sogenannten Hausmacht, oder dass die Hausmacht dazu diene, die Einzelstaaten zu knechten; wir wollen nicht, dass die höchste Stelle im Staat der Zielpunkt sei für den Ehrgeiz, und trachten deshalb, diese Spitze, so schlicht als es irgend möglich ist, hinzustellen; so hinzustellen, dass sie nur das Nötigste tut, in dem Wechsel der Versammlungen gar keine Veranlassung findet, in das einzugreifen, was außer ihrem Bereich bleiben muss.

Wir wollen also die Republik an der Spitze des Gesamtstaates. Aber indem wir dieselbe wollen, weisen wir es entschieden zurück, dass wir jemals die Hände an die Umgestaltung der Verhältnisse in den Einzelstaaten legen wollen, das hielten wir für ein Unglück und für eine Torheit. Unser Vaterland ist der Art konstruiert, dass seine Stämme selbstständig bleiben müssen; darin beruht sein schönstes Leben, und es gibt keinen Menschen in Deutschland, der, wenn er es könnte, die Torheit begehen würde, in die Verhältnisse der einzelnen Staaten zu Gunsten republikanischer Formen einzugreifen. Wer möchte verkennen, dass die Verschiedenheiten so ungeheuer sind, dass es schwerfällt, die einzelnen Grundpfeiler für einen gemeinsamen Bundesstaat aufzustellen. Wie sollte man dem Ganzen eine Form aufzwingen wollen, die nur aus der freien Entwicklung der Teile hervorgehen kann? Nein, meine Mitbürger! Es ist eine Lüge, die uns an die Schöpfung einzelner Republiken hat denken lassen; wir würden die Ersten sein, die sich dem Bestreben einer ganz republikanischen Nationalversammlung, in die einzelnen Staaten einzugreifen, widersetzten.

Was das von mir bezeichnete Streben betrifft, die Lasten des Volkes zu erleichtern, so ist besonders unsere Abstimmung vielfach im Vaterlande angefochten worden, nach welcher wir nicht sofort 6 Millionen zum Bau einer Flotte bewilligen wollten. Dass niemand die Verteidigung Deutschlands gegen einen übermütigen Feind weniger hemmen möchte als wir, das bedarf keiner Versicherung; aber wir glaubten, den Antrag stellen zu müssen, dass man von Seiten der Bundesversammlung erst Rechnung ablegen solle über die ungeheuren Summen, welche zum Festungsbaufond geliefert wurden, und die nach Versicherung Sachkundiger noch sehr bedeutende Barschaften übrig gelassen haben mussten. Diese Barschaften schienen uns zuerst zur Verteidigung Deutschlands aufgewendet werden zu müssen, und eine Besteuerung des

Volkes erst gerechtfertigt, wenn sie erschöpft waren. Das war der Grund, warum wir für den Augenblick gegen die Bewilligung gestimmt haben, und wir werden auch ferner darauf dringen, dass der Schleier gehoben werde, welcher auf dem Haushalt des Bundestages ruht. Die Volkswohlfahrt war auch ein Grund, besonders im Hinblick auf die kleinen Staaten, dass wir gegen die Vermehrung des stehenden Heeres stimmten.

Zwar hat man gesagt, die einzelnen Staaten trifft es nicht so schwer, sie haben nur im Verhältnis ihrer Bevölkerung das Heer zu vermehren. Allein, das ist falsche Darlegung: Die kleinen Staaten trifft es außerordentlich, es trifft sie fast allein. Die großen, z.B. Preußen, haben viel mehr Truppen als zwei Prozent ihrer Bevölkerung. Bayern besitzt gegenwärtig 72 000 Mann und hat also nur 18 000 zu stellen, wenn es sie auf zwei Prozent der Bevölkerung bringen soll, das heißt, nur um ein Fünftel hat es sein Militär zu vermehren, während unser Sachsen dasselbe verdreifachen muss. Meine Genossen und ich, wir wollen nicht, dass die kleinen Staaten ebenfalls an den Rand des finanziellen Verderbens geführt werden, an dem Österreich und Preußen stehen. Und die Militärvermehrung führt dazu. Wir haben ferner erst in der vorigen Woche dagegen gestimmt, dass dem Präsidenten der Nationalversammlung eine jährliche Besoldung oder vielmehr Entschädigung für Repräsentationsaufwand von 24 000 Gulden bewilligt werde; nicht weil wir knickern um diese höchste Stelle, welche das Volk zu vergeben hat, oder weil wir die Verdienste des Präsidenten gering achten, sondern weil wir meinen, dass die neue Zeit den unsinnigen Repräsentationsaufwand nicht mehr braucht, dass gerade der Präsident an

Einfachheit und Sparsamkeit vorangehen sollte, dass jedenfalls die Hälfte, 12 000 Gulden, genügte; und dass die hohe Bewilligung jetzt doppelt gefährlich ist, wo sechs neue Minister, zwölf überflüssige Unterminister und eine Anzahl anderer Reichsbeamter zu besolden sind, die ihre Ansprüche alle nach dieser Bewilligung richten werden.

Dass ich im Verfassungsausschuss für die Freiheit wie für die Erleichterung des Volkes gewirkt, geht aus den zahlreichen Minderheitsgutachten hervor, die ich mit wenigen Freunden unterschrieben und wofür wir im Ausschuss wie in der Versammlung gekämpft haben. Ebenso ist von uns der Antrag ausgegangen, die Hindernisse zu entfernen, die dem Handel und Verkehr entgegenstehen, die Flusszölle und alle Hemmungen im Inneren. Dieser Antrag ist noch nicht zur Beratung gekommen, er liegt dem volkswirtschaftlichen Ausschuss vor, und es wird hoffentlich nicht lange Zeit vergehen, bis er zur Verhandlung kommt.

Das sind in weiten und einfachen Linien die Gegenstände, mit denen wir uns bis jetzt beschäftigt. Ich werde dankbar sein, wenn man mich an Vergessenes erinnert und einzelne Punkte aushebt, worüber ich Aufschluss geben soll.

Werfen wir noch einen Blick auf die auswärtige Politik, wie sie von meinen Gesinnungsgenossen und mir aufgefasst wird. Was diese Angelegenheit betrifft, so haben wir in unserem Vaterland eine unglücklichere Stellung als irgendein anderes Volk nach Osten und Westen einnimmt. Wir haben fremde Völkerstämme, die seit langer Zeit mit uns verbunden sind und es im Interesse der Grenzen, der Sicherheit und der Verteidigung Deutschlands bleiben müssen. Andere sind durch das Los des Krieges, der Eroberung oder einer gewissen- und herzlosen diplomatischen Landeszerbröcklung mit uns vereint, die es nicht notwendig bleiben müssen.

Was die Ersten betrifft, so haben diese fremden Volksstämme lange unter der Unterdrückung der Deutschen geseufzt, so dass der Name deutsch und tyrannisch bei ihnen gleichlautend geworden ist: Es ist kein Wunder, wenn sie uns hassen, denn wir haben diesen Hass nicht verschuldet, aber verdient; es ist ein fluchwürdiges Erbteil der Freiheitsfeinde. Wir müssen diese fremden Stämme zu versöhnen suchen, und wir haben dahin getrachtet, dies zu tun. Gerade von unserer Seite ist der Antrag ausgegangen, dass die Nationalversammlung die Erklärung gebe, dass außer dem Genuss aller Rechte, die wir uns selbst sichern, den fremden Stämmen auch ihre Sprache und Nationalität gesichert sei. Die Nationalversammlung hat diese Erklärung fast mit Stimmeneinheit gegeben, und das wird zur Beruhigung dienen und besser wirken als die Waffen. Wenn jene Stämme sich aussöhnen mit ihrem Los, dann würden sie die Verbindung segnen und preisen, und wahrlich, sie werden nicht dem schlechtesten Teil von Deutschlands Bewohnern angehören. Für diese Stämme nehmen wir also die Rechte der Freiheit in Anspruch, wir erkennen ihnen Recht zu, sich selbstständig zu entwickeln und mit uns eins und frei zu werden. Den Völkern aber, welche nicht mit uns verbunden sein müssen, die eine Unterdrückungspolitik uns zugeführt, erkennen wir das Recht der Befreiung, der Trennung zu. Das heißt aber nicht, dass wir nun mit vollen Händen zum Fenster hinauswerfen, was wir besitzen, aber die Interessen des eigenen Landes verkennen, um anderen zu dienen. Wir wollen nur auf dem Wege des Friedens und Vertrauens die Geschicke unseres Vaterlandes sich entwickeln sehen und die große, so selten von Nationen geübte Tugend: Gerechtigkeit üben, ohne welche keine dauernde, keine Freiheitsschöpfung gedeihen kann.

Wir halten diese Politik jetzt für umso notwendiger, als wir unser Vaterland nicht in einen Krieg stürzen mögen, der das Elend, welches da und dort herrscht, vergrößert und mit der Freiheit den Wohlstand vernichten kann auf sehr lange Zeit. Wir halten es für leichtfertig und verbrecherisch, wenn man in dem Augenblick, wo die innere Grundlage des Staates völlig erschüttert ist und umgestaltet werden muss, auch die Verträge übermütig zerreißt, auf welchen die Beziehungen der Nationen zueinander beruhen; wir halten es für schmachvoll, wenn ein Volk in seinem ersten Aufstreben zur Freiheit in die Fußstapfen der alten Tyrannei tritt und mit bloßer Gewalt Länderscheidungen ohne Prüfung und Kenntnis der Dinge vornimmt. Die letztere haben wir verlangt und werden sie ewig verlangen zur Ehre des deutschen Stamms.

Wir sind ferner überzeugt, dass der Volkswohlstand nicht gedeiht, solange der sogenannte bewaffnete Friede dauert und die Länder von unermesslichen Heeren ausgesogen werden, und deshalb wollen wir eine Verbrüderung angebahnt sehen zwischen den freien Völkern des Westens, zwischen Deutschland, England und Frankreich, gegen den Osten, der jetzt noch freiheitsfeindlich ist. Nicht dass man ein Bündnis um jeden Preis schließen soll, dies wäre Torheit! Nein, nur die Bedingungen soll man herbeiführen, den gestörten diplomatischen Verkehr herstellen und so die Möglichkeit anbahnen. Die Länder können und werden nicht aufblühen, solange der Friede nur auf den Spitzen der Bajonette und der gegenseitigen Beobachtung, dem allgemeinen Misstrauen ruht. Die Freiheit erobert nicht und will nicht erobern, die Herrschgier und Tyrannei nur will erobern und immer mehr Macht erwerben nach innen und nach außen. Die Freien brauchen sich gegenseitig nicht zu bewaffnen, sie nehmen nur die freie innere Entwicklung in Anspruch für sich, und in dem Augenblick, wo sie sich verbünden, ist wirklich der ewige Friede gesichert, wie man sich jetzt auch anstrengt, es zu verhindern, von diesem Augenblick an datiert uns eine bessere Zeit in der Wahrheit und Wirklichkeit.

Soll ich schließlich noch darüber sprechen, dass ich auf der Linken sitze? Ihretwegen tue ich's nicht, es hieße, Sie beleidigen; aber ich tue es, weil wir jetzt überall zum ganzen Volk sprechen. Müsste ich doch meinem ganzen Leben und den Genossen meiner politischen Laufbahn treulos geworden sein, wenn ich nicht auf der Linken säße. Auch ist es kein Geheimnis, unter welchen Einflüssen die Wahlen zur Nationalversammlung zustande gekommen sind und aus welchen Elementen ihre Mehrheit besteht[46]. Ja, ich sitze auf der Linken, wo, das sage ich kühn, wo das Herz des Volkes und wo das Herz für das Volk schlägt. Es ist einem wahrlich nicht leicht gemacht, auf der Linken zu sitzen, es gehört Stärke und Überzeugungstreue dazu, sitzen zu bleiben. Es blühen daselbst keine Reichsministerien und keine

46 In der Frankfurter Nationalversammlung bildete das »Rechte Zentrum«, also die konstitutionell-liberalen Fraktionen, mit 34 Prozent die größte Gruppe, die beiden Fraktionen der demokratischen Linken hatten einen Anteil von 15 Prozent.

Staats- und Unterstaatssekretariate, auch keine Lorbeeren, sondern eher Niederlagen, und diese selbst dürfen nicht einmal den natürlichen Eindruck machen, dass sie ermatten, sondern sie müssen zu immer neuen Kämpfen anspornen. Nicht einmal Lob und Anerkennung gebührt uns, denn die Presse, obwohl sie frei geworden ist, ist zum größten Teil noch in den Händen, in welchen sie sich in dem alten System allein befinden konnte, und diese sind uns nicht hold. Vergessen Sie nicht, dass außerdem drei Viertel der Artikel schon der Zahl nach gegen uns geschrieben werden und nur ein Viertel für uns ist. Aber man muss auch die Auswüchse der Pressefreiheit ertragen, und wir ertragen sie freudig, im Bewusstsein, dass wir unsere Pflicht tun, und indem wir zum gesunden Menschenverstand das Vertrauen hegen, dass die Gemeinheiten feiger und niedriger Gesinnung spurlos an ihm vorübergehen. Selbst dem Hohne vieler Krautjunker bieten wir Trotz und verlachen ihre Forderungen; besteht doch oft ihre einzige erbärmliche Fähigkeit darin, dass sie eine Kugel abschießen können.

Ja, ich sitze auf der Linken, mit hohem Stolz sage ich das, denn noch nie hat die Rechte, die Mehrheit, die Geschichte fortgeschoben, stets die Linke oder die Minderheit: Für die Aufhebung der Sklaverei hat sie 22 Jahre gerungen, ehe sie zur Mehrheit wurde; ein Gleiches war es mit der Emanzipation der Katholiken, der Reformbill, den Korngesetzen usw. Die Linke hat eine reiche Entschädigung für alles, was sie duldet, in dem neidenswerten Los, dass der Gedanke der Zukunft wie ein Kind geboren wird in ihrem Schoß, und sie sich groß fühlt in ihm, ehe die Welt ihn erkennt; sie weiß, dass der Mensch nicht lebt für diese Welt: dass dem Gedanken eine Zukunft werden muss und dass ihr Tun nicht verloren ist, wie sich auch die Erfolge des Augenblicks gestalten.

So, meine Mitbürger!, habe ich Ihnen gesagt, was ich bisher getan, und ich werde so fortfahren, die nächste Zeit wird mir in Frankfurt auch Gelegenheit geben, für das Wohl unseres Vaterlandes zu wirken, indem ich die beantragte Veränderung der Schutzzölle bekämpfe, die nach meiner Überzeugung den Handel und die Blüte Leipzigs fast vernichten und zu Grunde richten würde. Ich will der Freiheit, die das Lebenselement für jede Regung des politischen wie des sozialen und merkantilen Lebens ist, auch auf diesem Gebiet das Wort reden und auch hier das Monopol bekämpfen, nicht weil es für Leipzig, sondern weil es für die Freiheit geschieht.

So also werde ich fortfahren, fest hinblickend auf das Ziel, wie der Weise nach dem Stern geblickt hat, der ihm das Heil der Welt zeigen sollte. Ich werde festhalten an der Einheit, die ruht auf der Freiheit, an der einzig haltbaren Grundlage, und an der Beförderung des Volkswohls nach meinen Kräften.

Kein Mensch ist fehlerfrei und auch ich kann irren. Freudig und dankbar nehme ich jede Belehrung an. Aber die Grundzüge meines Handelns stehen fest, und ich werde nicht von ihnen wanken. Handelt die Mehrheit der Nationalversammlung nach meiner Ansicht dagegen, so werde ich dem mich widersetzen bis zum letzten Augenblick und bis zum letzten parlamentarischen Mittel. Dass ist ein schlechter Soldat, der nicht die letzte Kugel forttreibt in Feindes Brust, ehe er sich zurückzieht. Aber das ist auch ein schlechter Soldat, der sich zurückzieht vom Schlachtfeld, weil er eine Niederlage erhalten hat.

Es ist in Frankfurt kein Geheimnis, dass man die Linke dahintreiben will, die Paulskirche zu verlassen. Die Linke wird sie nicht verlassen, sie wird bleiben und aushalten, wie auch der Würfel fallen möge, mag sie auch unterliegen, sie wird immer aufs Neue kämpfen für ihre Ansicht. Aber sie wird und muss sich auch fügen der Mehrheit und ihren Beschlüssen. Was einmal die Mehrheit gewollt hat, das ist Gesetz, und die Linke wird dasselbe anerkennen als heiligen Willen der Nation, deren Vertreter es gegeben. Es ist die Stellung der Linken, und wenn auch verschiedene Fraktionen darin vorkommen, so sind dieselben doch in Wollen und Streben, in Grundsätzen und in Zielpunkten eins. Dass ich von der einen dieser Fraktionen zur anderen übergegangen, ist ein Irrtum; ich habe noch dieselbe Parteistellung, die ich von Anfang an hatte: die Linke hat mir die Ehre erweisen, mich mit zu dem Vorstand zu wählen, der ihre taktischen Bewegungen wie ihre Klubverhandlungen leitet, und ich bin das heute noch. Und so scheide ich von Ihnen, geehrte Mitbürger, mit der offenen Darlegung meines Bekenntnisses und mit der heiligsten Versicherung, das Wohl des Volkes, die Freiheit und Einheit des Vaterlandes zu vertreten nach Kräften und, wen es die Zeit erfordert, freudig Gut und Blut dafür aufzuopfern.

Aufruf an die Wiener Bevölkerung am 18. Oktober 1848[47]

Heldenmütige Bewohner Wiens!
Unsere Gesinnungsgenossen in der Nationalversammlung zu Frankfurt haben uns hierher gesandt, Euch die Bewunderung auszusprechen, die sie mit uns und ganz Europa Euch zollen. Da die Verhältnisse nicht gestatten, unsere Aufgabe in anderer Weise zu lösen, zu Euch zu sprechen in der Versammlung des Volkes, so wenden wir uns auf diesem Wege an Euch.

Ihr habt mit einem großen Schlage die Ränke einer volks- und freiheitsfeindlichen Partei vernichtet! Habt Euch mit bewundernswerter Aufopferung für das ganze Deutschland wie für die Völker Österreichs erhoben wie ein Mann. Eure Heldentat flößt allen Kämpfern der Freiheit neuen Mut ein, und Eure Erhebung sichert unserem Kampf den Sieg. Euer Beispiel wird uns allen voranleuchten und wir werden Euch nacheifern auf dem glorreichen Pfad, um wert zu sein, Euch Brüder zu nennen.

Wir aber, die wir gesandt sind, Euch den Bruderkuss und die heißen Segenswünsche von vielen Tausenden zu überbringen, wir preisen uns glücklich, in diesem verhängnisvollen Augenblicke in Eurer Mitte zu weilen, und wenn es das Schicksal will, Eure Gefahren zu teilen, mit Euch zu stehen

47 In den Morgenstunden des 6. Oktober 1848 begann die »Wiener Oktoberrevolution«. Als die Nachrichten darüber am 12. Oktober in Frankfurt eintrafen, schickte die Nationalversammlung eine Delegation in die Donaumetropole. Gemeinsam mit drei weiteren Abgeordneten machte sich Blum am 13. Oktober auf den Weg und traf am 17. Oktober in Wien ein.

und zu fallen. Heldensöhne Wiens, empfangt den Ausdruck unserer Bewunderung und unseres tief empfundenen Dankes!

Die Abgesandten der Vereinigten Linken in der deutschen Nationalversammlung zu Frankfurt a. M.
Robert Blum, Julius Föbel, Moritz Hartmann,
Albert Trampusch

AUS BRIEFEN

I

Brief an die Mutter (14. März 1846)

Meine liebe Mutter.

Diesmal hat es allerdings schrecklich lange gedauert, ehe wir zum Schreiben kamen. Aber es hat sich so ein Hindernis an das andere gereiht, die Versäumnis hat das Ihrige dazu beigetragen, und so ist die Zeit verstrichen. Eine Zeitlang war auch Jenny wieder krank, und zwar so sehr, dass wir ernstlich besorgt waren, es möchte wieder Nervenfieber werden. Es ging aber Gott sei Dank vorbei nach etwa schlimmen acht Tagen.

Unsere Kinder sind recht gesund und munter. Hans kann schon lesen und hat alle Tage bei der Mutter Unterricht, wobei er eben nicht viel Geduld entwickelt und höchstens zehn Minuten aushält. Richard hat einen harten Winter gehabt, seine Augen waren so schlimm, dass er wochenlang nicht sehen konnte und unsere Stube verhangen war wie im Keller. Dazu waren Ohren und Nase sehr bös, und selbst im Gesicht hat er hier und da kranke und wunde Stellen. Jetzt scheint sich der Körper gereinigt zu haben, und er ist wieder wohlauf. Auch unsere Kleine hat eine harte Zeit gehabt, sie ist nämlich entwöhnt worden. Aber sie hat es glücklich überstanden und frisst jetzt wie ein Wolf. – Soll ich von mir selbst sprechen, so bin auch ich gesund, aber leider mit Arbeiten mehr überladen als je zuvor. Das Amt eines Stadtverordneten ist ein ziemlich mühevolles, außer den Sitzungen alle Wochen kommen noch eine Masse an Deputationen und andere Arbeiten, die mich umso mehr stören, als ich übergenug beschäftigt war. Und leider sind die Mühen auch insofern noch unerfreulicher Art, als sie vorerst nichts nützen, denn die alten Zöpfe im Kollegium scharen sich zusammen wie die Kletten und stimmen gegen alle Vernunft, wenn die Vorschläge von uns ausgehen. Indessen das wird anders, im nächsten Jahr treiben wir wieder ein Drittel hinaus, und dann muss es besser werden. Auch bin ich schon seit dem 14. Februar allein Theaterdirektor[48], indem Dr. Schmidt auf einer größeren Reise begriffen ist, um Engagements abzuschließen. Ich selbst war vor vierzehn Tagen zu gleichem Zwecke einige Tage in Hannover und reise am Dienstag wieder nach Stettin. Kurz, wohin ich blicke, habe ich Arbeit im größten Überfluss und möchte mich vierteilen, um fertig zu werden.

Im Allgemeinen geht es auch in Sachsen nicht gut, und es ist Not überall, wenn dieselbe auch nicht zu groß ist, als

48 Im Oktober 1830 wurde Robert Blum in seiner Heimatstadt von Direktor Friedrich Sebald Ringelhardt als Sekretär am Kölner Stadttheater angestellt. Ringelhardt wechselte zur Spielzeit 1831/1832 nach Leipzig, Blum folgte ihm 1832. Bis zum Eintritt 1847 in die Selbstständigkeit als Publizist und kleiner Verleger arbeitete Blum zunächst für Ringelhardt, dann für dessen Nachfolger Carl Christian Schmidt.

man fürchten möchte. Der milde Winter hat dafür unser sehr armes Gebirge nicht zu dem Elend kommen lassen, welches ihm drohte, aber er hat andere Übel im Gefolge, die wieder Teile des Landes treffen, die auch keinen Überfluss haben. Dahin gehören vor allem die Überschwemmungen, welche bereits zweimal die Niederungen verheerten. Sonst haben wir bereits einen Monat das schönste Frühlingswetter, alles ist grün und frisch und verspricht das reichste Gedeihen. Wenn nur nicht Spätfröste alles wieder zu Grunde richten!

Hierbei schicke ich auch mein diesjähriges Taschenbuch[49], welches zwar für Dich, liebe Mutter, wenig Anziehendes hat, da Du auf Deine alten Tage Dich nicht um Politik bekümmern wirst. Nun, so mögen es die Schwestern und Schwäger lesen, wenn sie wollen, und wenn sie nicht wollen, so sei's Euch allen wenigstes ein Zeichen der Erinnerung. Leider ist sein Inhalt nicht erfreulich: Er zeigt ein mächtiges Ringen um Freiheit und Selbstständigkeit von unten und ein ebenso gewaltiges Zurückdrängen zur Finsternis und Knechtschaft von oben; Gegensätze, die wahrscheinlich nur durch die blutigsten Kämpfe ausgeglichen werden.

Nun, wie bekommt Dir denn das Frühjahr, liebe Mutter? Nehmen Deine Schmerzen ab und kannst Du wieder besser fortkommen? Hoffentlich bringt Dir die alles belebende Natur wieder bessere und frischere Säfte in die Glieder und macht Dich wieder gesund. Schade, dass Du nicht wenigstens einen Garten am Hause hast, in welchen Du gehen

49 Ab 1843 gab Blum unter dem Namen »Vorwärts! Volks-Taschenbuch« Jahr für ein Jahr ein politisches Taschenbuch heraus, dessen zweite Ausgabe (1844) gleich von der Zensur verboten wurde.

kannst, ohne vorher zu weiten Wegen genötigt zu sein, wenn Du frische Luft genießen willst. (...)

So lebe denn wohl, liebe Mutter, und empfange nebst allen Deinen unsere herzlichsten Grüße und die besten Wünsche für Dein Wohl, für die dauerhafte Besserung Deiner Gesundheit. Mit treuer Liebe
Dein Sohn Robert

2
Brief an Theaterdirektor Schmidt (1. Mai 1847)

Sehr geehrter Herr Direktor.
Mit aufrichtigem Bedauern, welches hier keine Redensart ist, wie gewöhnlich in solchen Fällen, muss ich Ihnen den zwischen uns bestehenden Kontrakt hiermit kündigen, so dass derselbe mit Ende Juli sich auflöst. Ist es im Allgemeinen schon eine schwere Aufgabe, ein Geschäft zu verlassen, im welchem man volle 15 Jahre gearbeitet hat, so ist es bei mir doppelt schwer, weil mir das Geschäft als das Mittel lieb und wert ist, an welches sich eine soziale Erhebung für mich geknüpft hat, die ich früher kaum zu hoffen wagte. Indessen, es muss denn doch sein.

Fragen Sie nach den Gründen, so sind dieselben verschiedener Art:
1. politische; die Stellung und die öffentliche Wirksamkeit vertragen sich schlecht miteinander, und entweder muss das eine oder die andere mitunter leiden, was mir in beiden Fällen empfindlich ist. Kommt es gar zu einer Wahl, wo ich nach Parteistellung und Überzeugung konkurrieren muss,

wenn ich auch durchfallen sollte, so würde die Stellung allein die Wahl unmöglich machen. Deshalb haben Freunde von nah und fern mich schon längst angetrieben, das Geschäft zu verlassen. Freilich sind solche Ratschläge in Deutschland billiger als Ersatz für das Aufzugebende.
Dann ist es
2. die Rücksicht auf meine und der Meinigen Zukunft. Fünfzehn Jahre bin ich am Theater, bleibe ich noch zehn Jahre, so bin ich vielleicht zu stumpf und abgenutzt, um eine andere Laufbahn zu beginnen. Und doch ist weder für die Dauer der Stellung die geringste Bürgschaft vorhanden noch für die Arbeitsunfähigkeit irgendein Rückhalt, seit die Verwaltung des Pensionsfonds völlig willkürlich und gesetz- wie statutenwidrig den Kassierer ausgeschlossen hat. Die Gerechtigkeit und Billigkeit dieses Verfahrens, welches den Mann ausschließt, der vielleicht sein Leben dem Leipziger Theater widmet, während es den Fremden begünstigt, der flüchtig für schweres Geld hier weilte, sowie die völlige Prinziplosigkeit des ganzen Instituts, seine notwendige Unhaltbarkeit (...), werde ich zu einer öffentlichen Besprechung bringen, sobald ich in keiner Weise mehr beteiligt bin. Ich muss also trachten, mir ein Geschäft zu schaffen, welches mich aus dieser prekären Stellung herauszieht, und glaube und hoffe, dazu jetzt Gelegenheit zu haben.
Weiter ist es
3. die Überzeugung, dass ich Ihnen nütze, wenn ich abgehe. Ich glaube, oder ich weiß vielmehr, dass unser edler Stadtrat großen Anstoß daran nimmt, dass der ihm verhassteste Mensch an einem städtischen Institut angestellt ist, und bei der unglaublichen Kleinlichkeit, die diesen Staatsweisen

anklebt, ist es nicht unmöglich, dass dies auf Ihre Stellung zum Stadtrate Einfluss hat. Bin ich nun auch eitel genug, zu glauben, dass ich nicht gerade Ihrem Wunsche entgegenkomme, so [ent]hebe ich Sie doch der Kalamität, heut oder morgen einer unangenehmen Notwendigkeit folgen oder deren Nachteile tragen zu müssen.

Endlich sind es

4. auch finanzielle Gründe, die mich bestimmen. Bei den schweren Lasten, die ich bei einem Hauskauf ohne eigenes Vermögen mir aufbürden lassen musste, ist es notwendig, dass ich fast eben so viel durch literarische und andere Arbeiten verdiene als am Theater. Dazu aber brauche ich einen großen Teil meiner Nächte, da der freien Tage und Abende immer weniger werden, und eine solche Anstrengung reibt mich auf. Aber die Tatsache, dass ich mir das Notwendige seit drei Jahren verdient habe, zeigt mir auch, dass ich mit literarischen Arbeiten allein, wenn ich mich denselben ruhig und ungestört hingeben kann, mehr zu erwerben vermag als jetzt bei der Stelle, wenn ich auch das Prekäre einer literarischen Existenz in Deutschland keineswegs verkenne und meine Zukunft nicht darauf gründen möchte. In der Erwähnung dieses Umstandes soll nicht ein Schatten von Vorwurf für Sie liegen, und ich würde denselben um keinen Preis erwähnt haben, wenn eine Änderung darin auf meinen Entschluss Einfluss haben könnte. Sie haben mir die Lasten nicht aufgebürdet. Sie sind mit Gehalten überlastet genug und müssen so oft spielen, als Sie tun. Ich aber vermag es nicht, Ihre zu große Gutmütigkeit zu missbrauchen, um heute eine Zulage und morgen eine Gratifikation usw. von Ihnen zu verlangen. Nur die Tatsache erwähne ich, die Sie

anerkennen werden, da Sie ja selbst wissen, was das Leben selbst bei der größten Einschränkung kostet.

Das sind die Motive meines Entschlusses, die ich Ihnen offen mitzuteilen für Pflicht hielt. Ich füge die Bitte hinzu: Bleiben Sie mir auch in veränderten Beziehungen gewogen, und seien Sie versichert, dass ich Ihnen stets die vollste Achtung und Verehrung zollen werde.

Ihr ergebenster Robert Blum

3
Brief an die königliche Kreisdirektion (1847)[50]

Zensur gegen Schrift und Bild, Zensur gegen Wort und Gebärde, Zensur gegen Kanzel und Lehrstuhl, Zensur gegen Beamte und Nichtbeamte, Zensur gegen Landes- und Gemeindewahlen, Zensur endlich gegen Menschen, Charakter, Meinung, Ansichten, Überzeugung, Gedanken und Träume – das ist das Streben und das Bedürfnis deutscher Staatsweisheit in der Mitte des neunzehnten Jahrhunderts. Ein Streben, welches es bald zur Ehrensache machen wird, nicht bestätigt zu werden. Ich beklage das System, welches durch solche Mittel sich erhalten muss, welches trotz des ganzen Arsenals von Gesetzen, Verordnungen, Bevormun-

50 1847 wurde Blum von den Leipziger Stadtverordneten zum Stadtrat gewählt, doch die königliche Kreisdirektion verweigerte ihm die Bestätigung. Blum wehrte sich dagegen mit diesem »Offenen Brief«. Das Ministerium entschied daraufhin: Die Sprache, die der Beschwerdeführer in seiner Eingabe gewählt habe, sei ein neuer Grund, denselben die Bestätigung zu verweigern.

dungen und administrativem Ermessen einen freisinnigen, selbstständigen und unabhängigen Mann selbst an den äußersten Stadien in dem Kreis seiner Schreibstubenherrschaft nicht mehr eintreten lassen kann. Ich beklage es, wenn auch nicht darum, weil es mit Gewalt an seiner Selbstvernichtung arbeitet, der es mit Riesenschritten entgegengeht. Wie offen ich nun die Notwendigkeit der Nichtbestätigung freisinniger Männer bei dem System der dermaligen Minister anerkenne, so entschieden muss ich mich gegen die vom administrativen Ermessen ohne allen Beweis und Beleg ausgesprochene Meinung verwahren, dass meine Ansichten und Meinungen im Widerspruch mit unseren Staatseinrichtungen stehen. Ein sehr großer Teil des Volkes ist der Ansicht, dass vielmehr das Regierungssystem der dermaligen Minister seit 1844 entschieden im Widerspruch stehe mit unseren Staatseinrichtungen. Dieses Regierungssystem habe ich bekämpft auf jedem Schritt, werde es bekämpfen mit allen mir zu Gebote stehenden Mitteln, ja, selbst als Stadtrat würde ich es bekämpfen, soweit mich nicht eine Gegebenheit, die den Anordnungen meiner Vorgesetzten nachzugeben geböte, davon abhält. Aber dieses System ist nicht eins mit unseren Staatseinrichtungen, die Ansichten des Herrn von Falkenstein[51] und anderer hochgestellten Beamten sind nicht unsere Verfassung.

51 Freiherr Paul von Falkenstein war von 1844 bis 1848 Innenminister des Königreichs Sachsen.

4

Brief an die Schwester (15. Juli 1848)

Liebe Schwester.

Aus den beiden Briefen oder Zettelchen, welche Du mir geschickt hast, ersehe ich, dass Du Besorgnisse über meine Stellung usw. hegst. Sei deshalb unbesorgt; ob die Kölnische und andere Zeitungen der politischen und kirchlichen Pfaffen schimpfen, das ist einerlei. Es wird auch die Zeit kommen, wo sie kriechen. Allerdings geht es hier nicht gerade, wie wir wünschen; es wird uns sehr sauer und oft schrumpfen die Erfolge zu nichts zusammen. Aber das ist in politischen Kämpfen einmal nicht anders, die Waage geht hoch und niedrig, wie auf dem Meer, und der Kahn der Partei schwebt bald in der Luft, bald im Abgrund. Das ist einmal Naturgesetz und die Stellung wechselt. Deshalb sei unbesorgt, wir stehen seit Anbeginn in der Minderheit, sind die Stellung gewohnt und befinden uns sehr wohl darin. Die Mehrheit ärgert sich viel mehr über uns als wir über sie, und das Ende warten wir ruhig ab. (...)

5
Brief an Jenny Blum (21. oder 22. April 1848)

Liebe Jenny!
Auf Deine mannigfachen Anfragen hier flüchtige Antwort. Wie lange die Sache hier dauert[52], das lässt sich allerdings leider nicht absehen; wahrscheinlich aber lange, denn die Verhältnisse verwickeln sich immer mehr. Auch ich würde nicht für einen Besuch sein, wenn man eben absehen könnte, wie es endet. Allein in einer Revolution hat niemand den nächsten Tag in der Hand. Gestatteten es daher unsere Verhältnisse, so wäre mir ein Besuch lieb, teils des Wiedersehens wegen, teils auch damit Du den herrlichen Rhein sähest, was man doch nicht wissen kann, ob's später geschieht. Ich will kein Kind bevorzugen, und könnte ich's, ich ließ sie jedenfalls alle mitkommen. Allein, denkt man an einen Besuch, so ist ein Kind immer minder kostspielig als vier; dazu ist Hans bereits urteilsfähig, die andern nicht. Lassen wir das indessen zuerst. (...) Erst, wenn die Verhältnisse geordnet sind, d.h. wenn man weiß, was die Regierung Diäten bezahlt, kann man davon reden. Sollte sie etwa, wie in Sachsen, nur 3 Taler täglich geben, dann kann ich nicht hierbleiben, denn diese

52 Vom 31. März bis zum 4. April 1848 war Blum Mitglied im Vorparlament und dessen Vizepräsident. Danach war er bis zum 18. Mai 1848 im Fünfzigerausschuss aktiv, ebenfalls als dessen Vizepräsident. Bei den Wahlen zur Nationalversammlung am 6./7. Mai 1848 im Wahlbezirk 6, Leipzig, siegte er mit 42 Wahlmänner-Stimmen gegen den Mannheimer Altliberalen Friedrich Daniel Bassermann mit 22 Stimmen und wurde als Leipziger Vertreter ins erste frei gewählte deutsche Parlament entsandt, das ab 18. Mai 1848 in der Frankfurter Paulskirche tagte.

brauch' ich allein, und verdienen kann ich nichts. Indessen, das muss man abwarten. Könnten wir das Haus verkaufen, dass wir etwas zuzusetzen hätten, dann wär's was anderes. Aber das geht leider nicht. (...)

Es freut mich, dass die Kinder etwas Musik treiben, quäle sie nicht oder lass sie etwas Nützliches tun, wenn's geht. Wenn Hans nicht turnen darf, so lasse ihn (mit Herings Zustimmung) exerzieren. (...)

Dass die Meinen gesund sind, habe ich Dir von Köln geschrieben. Meine alte Mutter ist fast wahnsinnig geworden vor Freude, dass ihrem Sohn ein Fackelzug gebracht wurde; wie würden die sich freuen, wenn Du mit den Kindern nach Köln kämst; indessen es kann nicht sein. Beruhigen wir uns, wir müssen der Zeit Opfer bringen. (...) Lebe wohl, liebe Jenny, grüße und küsse mir die armen Kinder. Sie sollen nur gut und brav sein, dann komme ich auch zurück und bringe ihnen etwas Schönes mit. Wenn ich nur die Ostertage dort sein könnte! Es geht aber nicht, also fort mit Wünschen. Bleibe gesund und munter. Von Herzen Gruß und Kuss von Deinem
Robert

6
Brief an Jenny Blum (25. bis 27. Juni 1848)

Liebe Jenny!
Das waren schwere, schwere vierzehn Tage, die schwersten, die ich je erlebt habe. Von Sonnabend, dem 10. Juni, bis Mittwoch, den 14. Juni, in unermesslichen Fest- und Reiseanstrengungen, von Mittwoch an bis heute in Arbeit. Berge von Stößen haben sich angehäuft, aber bei einer halbtägigen Pause am Donnerstag, wo hier Fronleichnamsfest war, vermochte niemand etwas zu tun, wir mussten ruhen und flegelten uns im Garten herum. (...)

Als ich jüngst über die Zentralgewalt sprach und am Schluss sehr ernst und feierlich wurde, schwamm das Frauenauditorium in Tränen, und schluchzend streckte man mir hundert Hände entgegen, als ich herabkam. Das ist ein schönes Zeichen, aber vor Eitelkeit, d. h. persönlicher, bewahrt mich

1. jeder Blick in den Spiegel, der mir sagt, dass ich nicht schön und vierzig Jahre alt bin;
2. das klare Bewusstsein, dass es nicht dem Manne, sondern dem Parteiführer gilt, und ich also stets mit meinen Getreuen teilen muss, wobei mir sehr wenig bleibt. Kommt der Mangel an Zeit dazu, der mir jede Bekanntschaft in Familien unmöglich macht und mich gegen die wenigen, die ich gemacht habe, zwingt, unartig zu sein, so bleibt die Sache rein politisch, und da ist sie allerdings ein gewaltiger Hebel, gegen den Du nichts haben wirst.

Ging es doch dem alten hässlichen Mirabeau gerade so; hoffentlich werde ich demselben in anderer Beziehung nicht ähnlich. Wenn ich nach Hause komme, werde ich etwas taumeln, wie ein Aufstehender aus dem Schlafe nach einem Champagnerrausch, mir die Stirn reiben und die tollen Träume vergessen, die bunt und schön, aber Träume waren. Ich wünsche herzlich, es könnte bald sein!

Sechs Tage haben wir nun sehr geschlagen, und ich darf wohl sagen: gesiegt; denn sollte die Abstimmung gegen uns ausfallen, so geschieht dies mit einer solchen imposanten Minderheit, dass die tyrannische Einsetzung[53] doch unmöglich wird.

Frankfurt, 26. Juni. So viel, liebe Jenny, habe ich Dir gestern von meinen höchst kümmerlichen Sonntagsstunden gewidmet und hoffte, heute den Schluss, die Abstimmung und Antwort auf Deinen Brief hinsetzen zu können. Aber heute ist ein wütender Sturm in der Nationalversammlung ausgebrochen (…), ein Sturm, der die frech geknechtete Minderheit zuletzt zum Toben trieb, so dass eine Stunde lang niemand sprechen konnte, dann die Sitzung unterbrochen, endlich, als der Wiederbeginn unmöglich gemacht wurde, aufgehoben werden musste. Es handelt sich um Leben und Sterben, und diese ganze Nacht werden die Parteien verhandeln und sich rüsten zum Kampf. Daher muss ich schließen und habe nur den Augenblick, in welchem ich mir den Hausschlüssel holte, benutzt, Dir diese Schlusszeilen zu schreiben. Antwort morgen oder wann ich kann. Es steht jetzt alles auf dem Spiel.

53 Gemeint ist die Einsetzung eines dem Parlament gegenüber nicht verantwortlichen Reichsverwesers, wie sie von der liberalen Mehrheit der Nationalversammlung am 27. und 28. Juni 1848 dann doch durchgesetzt wurde.

Gesund bin ich, sind wir alle. Möchte es bei dir ebenso sein. Was machen denn die armen Kinder? Sind Sie wieder gesund? Richtig. Du schriebst mir's ja. Bleibt es nur!
Herzlichsten Gruß und Kuss von Deinem Robert.
Nochmals Gruß am Morgen des 27.! Dein Robert

7
Brief an Jenny Blum (4. Oktober 1848)

Liebe Jenny!
Wie es uns hier ergeht, das hast Du teils aus den Zeitungen, teils aus den Briefen an Jäkel ersehen. In der Nationalversammlung verfolgt aus Bosheit, vom Volke in die traurigste Stellung gebracht aus Dummheit, von den Demokraten angefeindet und geächtet aus Unverstand, stehen wir isolierter als jemals und haben vor- wie rückwärts keine Hoffnung. Die Zersplitterung Deutschlands hat nicht bloß Staaten und Stämme auseinandergerissen, sie frisst sogar wie ein böses Geschwür an einzelnen Menschen und trennt sie von ihren Genossen, von aller notwendigen Gemeinsamkeit. Die letzten Wochen sind Kräfte vergeudet und törichterweise vernichtet worden, die bei weiser Zusammenfassung und sorgsamer Verwendung hingereicht hätten, das Schicksal Deutschlands vollständig umzugestalten. Nie bin ich so lebens- oder wirkungsmüde gewesen wie jetzt; wäre es nicht eine Schande, sich im Unglück von den Kampfgenossen zu trennen, ich würde zusammenraffen, was ich allenfalls habe, und entweder auswandern oder mir in irgendeinem friedlichen Tale des südlichen Deutschlands eine Mühle oder

dergleichen kaufen und nie wieder in die Welt zurückkehren, sondern teilnahmslos aus der Ferne ihr Treiben betrachten. Nicht weil ich mutlos bin und am endlichen Siege der Vernunft verzweifle, sondern weil ich wirklich müde bin, völlig abgerungen in dieser Sisyphusarbeit, die ewig sich erneuert und kaum einen Erfolg zeigt. Indessen es muss ausgehalten sein, und da einmal nach dem Naturgesetz die Revolutionen ihre Kinder fressen, so mag es ruhig diesem Hungermonat entgegengehen. Die Erschlaffung, welche so natürlich sich an die traurigen Erfahrungen der letzten Zeit knüpft, wird wohl auch wieder weichen. (...)

Es ist jetzt Messe in Leipzig, und ich denke mit Kummer und Sorge daran, dass ich Dir, arme Frau, stets etwas gab zur Ergänzung kleiner Haushaltsbedürfnisse; wie viele mögen deren sein, da Du auch die Ostermesse nichts bekamst. Und doch kann ich leider nicht, ich habe nichts. Die letzten vierzehn Tage haben solche riesenhaften Opfer gefordert, dass die ganze Linke auch finanziell ruiniert ist. Dem Unglücklichen muss man helfen, wie sehr man auch Ursache hat, mit ihm zu zürnen. Und ich hatte wahrlich gerade jetzt Sorgen genug. Hat denn Brockhaus kein Geld geschickt? Ich habe noch etwas von ihm zu fordern und bat Kaiser um Vermittlung, da ich ihn direkt nicht gern mahnen möchte. Vielleicht hast Du das, und dann wollen wir's zwischen Messbedürfnissen und Weihnachten teilen, wenn es so viel ist, was ich nicht weiß. – Neues ist hier nichts, Stadt und Umgebung ist vollgespickt mit Soldaten, und der Schrecken führt das Regiment. (...)

Lebe wohl mit den Kindern. Ich habe noch viel zu schreiben diesen Morgen und muss daher aufhören. Hoffentlich sehen wir uns in fünf Wochen, Du wirst das ja aus den Veranstaltungen erfahren; es wäre mir sehr lieb. Aber wenn davon die Rede ist in der Stadt, so erkläre nur rundheraus, dass ich keine Teilnahme an politischen Dingen, welcher Art sie auch sind, will, sondern die drei Tage, die mir höchstens vergönnt sein werden, lediglich zu Hause bleibe (abgesehen vom Schillerfeste).

Also nochmals Lebewohl! Es gehe Euch so gut als möglich.

Gruß und Kuss von Herzen von Deinem
Robert

8

An die Parteifreunde in Frankfurt (17. Oktober 1848)

Liebe Freunde!

Herzlichsten Gruß aus Wien, dem liebenswürdigen, bezaubernden, vom Scheitel bis zur Zehe revolutionären Wien. (...) Die Abgeordneten der konstituierenden Nationalversammlung kamen am 17. morgens um 9 Uhr in Wien an. Auf dem Wege geschah wenig Bemerkenswertes, außer dass die Züge von Wien immer noch Auswanderer bringen, welche die Zustände der Stadt in der grässlichsten Übertreibung schildern. In Oderberg geschah die Durchsicht der Sachen mit größter Humanität, man wählte irgendeinen beliebigen Koffer, welcher geöffnet wurde, und ließ die anderen völlig undurchsucht. Ebenso verfuhr man hinsichtlich der Legitimation. Die Nacht verlief ruhig, an den einzelnen Stationen waren mächtig starke Wachen aufgestellt, die nach Angabe der einen von der Armee – des Fürsten Windischgrätz, noch andere – aus benachbarten Garnisonsstädten sein sollten. (...) In Gänserndorf wurden die Legitimationen nochmals durchgesehen, und dann ging's unangefochten fort bis Floridsdorf, von wo an die Eisenbahn zerstört ist. Hier sind auch alle Wagen und Lokomotiven aufgestellt, damit sie nicht zu Truppenbeförderungen dienen können. Hier beginnen die Vorposten der Stadt, meist aus Arbeitern bestehend. Von der anderen Seite erstrecken sich dieselben bis Laxenburg. Der Eintritt in die Stadt erst lässt den Kriegszustand erkennen. Die eine Donaubrücke ist außerordentlich stark verschanzt, die andere ist völlig frei. Doch liegt das Material zur Befestigung überall bereit; auch ist bei beiden Vorkehrung zur Zerstörung getroffen. Jetzt vermehren sich die Wachen, die Befestigungs-, die Verteidigungsmittel, von Sachkundigen werden dieselben meisterhaft genannt, man begegnet zahlreichen Nationalgarden, Studenten, Arbeitern usw. Die Barrikaden sind sehr stark und kunstgerecht, besonders in der Nähe der Universität. Aber der Verkehr ist nirgends gehemmt. Wo es die Vorsicht nicht erheischt, da ist bloß das Pflaster aufgerissen, und die Steine liegen ordnungsgemäß in den Straßen, so dass bei den großen, schönen Steinen jedes Fuhrwerk ruhig fortfahren kann.

Kaum waren die Abgeordneten angekommen, als sie von einer Deputation der Aula[54] begrüßt wurden, die sich zugleich zu ihrem Geleit anbot. Mit dieser gingen dieselben sodann in den permanenten Ausschuss des Reichstags, wo die Abgeordneten freudig und feierlich begrüßt worden. Blum (verlas) die einfache Adresse der vereinigten Linken und knüpfte daran eine Rede, welche sichtbar den tiefsten Eindruck machte. Der Präsident beantwortete dieselbe und beklagte, dass er die Abgeordneten nach dem Reglement nicht selbst in den Reichstag führen könne, doch solle ihre Adresse sofort daselbst mitgeteilt werden. Dies geschah auch nach Eröffnung des Reichstags durch den Abgeordneten Schuselka und rief die freudigste Zustimmung hervor. Die Abgeordneten, welche auf der Diplomatentribüne der Sitzung bewohnten, waren Gegenstand allgemeiner Aufmerk-

54 Bezeichnung für den revolutionären Studentenausschuss, der zu den demokratischen Führungsorganen der Wiener Oktobererhebung gehörte.

samkeit. Da die Abgeordneten vom Gemeinderat in einer Plenarsitzung empfangen werden sollen, deren heute keine stattfand, der Oberkommandant aber mit der Einrichtung des Lagers am Belvedere beschäftigt war, so besuchten dieselben noch die Aula, d.h. den Sitzungssaal des permanenten Ausschusses der akademischen Legion, welcher zwar Aula genannt wird, aber nicht mehr in der Aula ist. Hier wurden dieselben mit wahrer Begeisterung aufgenommen und vom Vorsitzenden festlich begrüßt. Blum, Fröbel und Trampusch sprachen daselbst über ihre Sendung und über die Bewunderung, welche sich die Aula in ganz Deutschland erworben. Die Abgeordneten wurden sofort zu Ehrenmitgliedern der akademischen Legion ernannt und entsprechend bewaffnet; sie sind die Ersten, denen diese Ehre zuteilwird. Sie wohnten eine Zeitlang der Sitzung bei und hatten Gelegenheit, die fast unglaubliche Rührigkeit, Kraft und Gewandtheit zu bewundern, mit welcher diese jungen Männer die heterogensten Geschäfte, die ihnen von allen Seiten im Übermaß zuströmen, behandeln. Morgen also werden die Abgeordneten den Gemeinderat und den Oberkommandanten besuchen.

Wien bietet ein wahrhaft bezauberndes Bild dar. Die kriegerische Haltung, der Mut, die Entschlossenheit, die Bereitwilligkeit, alles, alles zu opfern, gepaart mit dem ungetrübten großstädtischen Leben und der sprichwörtlich gewordenen Gemütlichkeit haben etwas Märchenhaftes. Mit ebenso viel Heiterkeit als brennendem Verlangen spricht man von dem bevorstehenden Kampf, und nirgend, nirgend macht sich auch nur die geringste spießbürgerliche Rücksicht geltend. Man glaubt, dass der Kampf morgen stattfindet. Die

Ungarn haben gestern Abend erst die Grenze überschritten und rücken im Eilmarsch gegen die Kroaten heran.[55] (...)

Heute Abend verbreitete sich die Kunde, die Zentralgewalt wolle 60 000 Mann Preußen und 20 000 Mann Bayern gegen Wien marschieren lassen. Man hört dasselbe mit Erstaunen, aber mit ruhiger Entschlossenheit. Wie unglaublich wenig man auch vom Frankfurter Parlament und von der Zentralgewalt erwartet, dessen hält man sie nicht fähig, und es ist auch nicht möglich. Reaktion, nur Reaktion, die extremste Reaktion erwartet man von beiden, aber keinen bewussten Verrat. Wer aber Truppen gegen Wien sendet, der begeht einen wissentlichen Verrat an Deutschland zu Gunsten Russlands und seines Helfershelfers des Panslawismus. Wenn das Volk den Marsch dieser Truppen duldet, wenn es ihn nicht verhindert, so stellt es sich das Zeugnis seiner Schande aus und begeht einen moralischen Selbstmord. Keine Sache ist so wahrhaft, so voll, so innig, so ganz deutsch als der letzte Aufstand Wiens. Wird derselbe überwunden, dann ist die deutsche Sache in Österreich besiegt, und ein mit Russland verbündetes Slawenreich steht uns feindlich entgegen. Die nächste Zeit wird die schändliche Verschwörung ans Licht bringen, welche von Russland und den Kammerrillen zu Potsdam und Schönbrunn zum Verderben Deutschlands geschürt ist (...). Man hat die Beweise in der Tasche und würde sie dem deutschen Volke schwarz auf weiß vorlegen. Der abgetragene Lumpenmantel, man

55 Eine revolutionäre ungarische Armee befand sich auf dem Marsch nach Wien, um die Aufständischen im Kampf gegen die kaiserlichen Truppen zu unterstützen; eine kroatische Armee war auf dem Weg, um den kaiserlichen Truppen zu helfen.

wolle Gesetz und Ordnung schützen, wenn man Truppen gegen Wien sendet, reicht hier nicht aus. Gesetz und Ordnung haben in Wien niemals so völlig ungestört geherrscht wie seit dem 8. Oktober. Nicht einmal eine Katzenmusik, nicht einmal ein Wirtshausskandal ist seitdem vorgekommen. Keine Volksversammlung, kein unziemlicher Ruf in den Straßen, selbst keine über die konstitutionelle Monarchie hinausgehende Verhandlung in den Klubs hat seitdem stattgefunden, die demokratischen Klubs haben es sich untersagt, das Wort Republik nur auszusprechen. Wien ist bewundernswert, ist weltgeschichtlich groß in seiner Haltung.

Aber was will man auch mit den Truppen? Man kann Wien nicht bezwingen. Mag der Jelačić[56] siegen, mag der abgefeimte Aristokrat Windischgrätz (der gegen die Slaven ficht, wenn sie sich demokratisch regen, und mit ihnen, wenn sie dem Absolutismus dienen) anrücken, mag selbst die Zentralgewalt sich mit Russland und dem Panslawismus gegen Deutschland verbünden, und mag das deutsche Volk seine Söhne, seine Brüder, die Soldaten gegen das deutsche, heldenmütige Wien ziehen lassen – Wien ist doch nicht zu bezwingen. Wien hat jetzt über 40 000 Mann Nationalgarde, hat die akademische Legion, hat bereits 30 000 bewaffnete Arbeiter, die fliegenden Korps und die Zuzüge mehren sich stündlich. Es hat Munition im Überfluss, ist reichlich mit Lebensmitteln versorgt. Die einzelnen Abteilungen der Nationalgarde wetteifern in dem Anerbitten, das Lager zu beziehen und in die Feldschlacht zu gehen. 500 Frauen haben heute gebeten, den etwa säumigen Nationalgarden die

56 Joseph Graf Jelačić von Bužim, kroatischer Generalmajor.

Waffen zu nehmen und dieselben ihnen, den Frauen zu vertrauen. Messenhauser ist ein sehr entschlossener Oberkommandant und General Bem, von der Verteidigung Warschaus 1831 sehr bekannt, ein vortrefflicher Artillerist usw. Aber das alles kann besiegt und überwunden werden – dann aber bleibt von dem herrlichen Wien (das ist tiefer, aus eigener Anschauung gewonnene Ernst) nur ein Schutt- und Leichenhaufen übrig, über welchen verheerend der Engel der Rache schwebt und Latoursche Ehrensäulen[57] errichtet über ganz Deutschland für alle, die an diesem Schicksal Schuld haben.

Soweit für die Öffentlichkeit, liebe Freunde. Arbeiter, erlasst Aufrufe, wiegelt das Volk auf, denn das Vorstehende ist zwar wahr, aber der gefährlichste Feind Wiens lebt in seinen eigenen Mauern. Es ist die Halbheit aller Autoritäten, die Scheu, einen Schritt über den gesetzlichen Boden hinaus zu gehen. Diese ist im Reichstag, im permanenten Ausschuss (nur im Studentenausschuss nicht) und im Stadtrat, und diese ist schuld, dass die Lage so schlimm ist. (...) Dies erkennen auch unsere entschiedenen Freunde hier an, behaupten aber, im Reichstag ist für entschieden revolutionäres Handeln keine Mehrheit zu erhalten, und geht eine solche Maßregel durch, so reisten sofort so viel Mitglieder nach Hause, dass er beschlussunfähig wird. Richtig ist allerdings, dass man dies vermeiden muss, wenn es möglich ist. Denn Wien ohne Reichstag ist nur eine revolutionäre Stadt, mit Reichstag ist es der legale österreichische Staat. Es wäre ein wahres Glück, wenn die Stadt angegriffen würde, dann würde es anders. (...)

57 Anspielung auf den österreichischen Kriegsminister Latour, der am 6. Oktober von einer aufgebrachten Volksmenge getötet wurde.

Wann wir zurückkommen – das wird auf die Entwicklung ankommen. Bleibt es wie jetzt, dann bald; wir wühlen indessen, was wir können. Lebt recht wohl! Hoffentlich gehen wir morgen mit aufs Schlachtfeld! Ihr werdet zwar sagen, dort sei unser Platz nicht. Aber zurückbleiben, ist unmöglich; es brandmarkte uns und Euch. Bleiben wir dort, dann denkt freundlich an Eure Freunde, in deren Namen zeichnet und Euch herzlichst grüßt
Robert Blum

9
An einen Freund in Frankfurt (23. Oktober 1848)

Die Lage der Dinge ist hier immer noch die alte, und Gott weiß, wann sie sich wenden wird: Einerseits nehmen die Verteidigungsmittel zu, die mobilen Korps schwellen, die Kanonen vervielfachen sich, die Barrikaden, Wälle werden fester und höher; aber andererseits schwellen die Kosten, die 35 000 Gulden täglich betragen, immer mehr, die Not wird größer, der Markt leerer, die Preise steigen und die Sorge wächst.

Wo soll das hinaus? Der lahme und zweideutige Gemeinderat, der der Mehrheit nach schwarz-gelb[58] ist, und es jetzt nur nicht wagt, offen so zu handeln, wirkt hemmend auf alle entschiedenen Maßregeln, und Messenhauser[59] wälzt mit seinem redlichen Willen den Stein des Sisyphus. Wenn es so fortgeht, dann richtet sich Wien selbst zugrunde und

58 Schwarz-Gelb waren die Farben der Habsburger Monarchie.
59 Kommandant der Wiener Nationalgarde.

macht seinen Feinden ein sehr leichtes Spiel. Es muss angreifen, Ausfälle machen, Bahn brechen für Lebensmittel und die Feinde ermüden, dann wird es siegen. Sobald der Feind durch fortwährende Beunruhigung genötigt ist, Tag und Nacht unter den Waffen zu stehen, ist seine Mannschaft binnen acht Tagen müde bis zur Unbrauchbarkeit, auch reiben Krankheiten sie bei der Nässe des Bodens und des Wetters auf. Wir besiegen ihn dann entweder ohne Schlacht und zwingen ihn zum Abzug, oder wir reizen ihn zum Angriff der Stadt und zerschmettern ihn dort.

Wie jetzt die Sachen stehen, ist es selbst einer Armee von 100 000 Mann unmöglich, Wien zu nehmen, sie muss zugrunde gehen, ehe sie an die innere Stadt kommt. Wir können acht Tage nach mäßigster Berechnung schlagen, selbst dann, wenn wir annehmen, dass wir die Kanonen von Hauptbarrikade zu Hauptbarrikade immer einbüßen. Und noch niemals, solange die Welt steht, hat irgendeine Armee nur drei Tage einen Straßenkampf ausgehalten, am wenigsten, wenn sie außerhalb war und die Straßen erst erobern musste. Wir haben demnach fünf Achtel Kraft und Mittel überflüssig und können alles wagen; wenn wir Windischgrätz reizen, so greift er jedenfalls an, denn er hat seine Ehre verpfändet, Wien zu nehmen, und er soll hoffentlich mehr hier lassen als die Ehre.

Wie in allen Revolutionen die wachsende Gefahr auch den Verdacht hervorruft und mehrt, so auch hier; seit vorgestern wittert man Verräter an allen Ecken und Enden. Messenhauser, Bem, die Bezirkschefs, der Gemeinderat, alles soll Verrat spinnen. Tatsache ist, dass Elemente zu einer schwarzgelben Konterrevolution vorhanden sind. Aber heute sind sie völlig unschädlich gemacht, ihre Spitzen geholt worden, nachdem man gestern ihre Mittel gefangen hatte. Gestern wurden nämlich zwei Wagen mit Geld genommen, einer mit russischen Kupferkopeken für Jellachich[60] und seine Grenzer bestimmt, der andere mit Silber, 34 Fässchen wunderschöner Zwanzigkreuzer, wahrscheinlich bestimmt zur Aufwiegelung oder Bezahlung der Arbeiter in Fünfhaus, Sechshaus, Gumpendorf und den Vorstädten. Sie liegen wohlverwahrt in der Bank und werden gute Dienste leisten. Die eigentlichen Versender hat man noch nicht, aber wichtige Begleiter. Die Reaktion wurde etwas unverschämt getrieben, und das war sehr gut. – Der Studentenausschuss ist unermüdlich tätig und wachsam, es gibt nichts, was der nicht ergründet, sobald er einen Faden, einen Wink erhält. Aber ebenso groß wie seine Tätigkeit ist seine Besonnenheit; in Paris wäre heute unbedingt der blutigste Aufstand gegen die Konterrevolution, hier hat man sie ganz ruhig ergriffen. Die Studenten haben die Revolution gemacht, ohne sie gibt es keine, durch sie ist jeden Augenblick eine zweite möglich, aber dennoch wird sie eine besonnene, planvolle und kurze sein.

Der Krieg hat wenig Schreckliches, d.h. in seiner direkten Erscheinung, dagegen ungemein viel Erfrischendes, Erhebendes und Erfreuendes.

Überhaupt ist das Lagerleben äußerst lustig, besonders abends und nachts. Überall Gesang, Musik, Scherz und Heiterkeit. Es gibt keine Todesart, die nicht bereits Jellachich

60 Jellachich = Joseph Graf Jelačić von Bužim, kroatischer Generalmajor. Gemeinsam mit dem österreichischen Feldmarschall Windischgrätz befehligte er die Niederschlagung des Wiener Oktoberaufstandes.

und Windischgrätz in effigie[61] im Lager zu erdulden haben und täglich im Lager erdulden. Allerdings kommen auch arme Frauen und holen das Brot des Mannes als Nahrung für die hungernden Kinder; aber wenn dies die Kameraden merken, dann wird auch der Korb voll Brot und Fleisch und Wein, und die gerührte Mutter kehrt jubelnd zurück. Die Studenten gehen auch hier wieder mit dem edelsten Beispiel voran. Bei ihren Mobilkorps nehmen die Offiziere nicht mehr als der Gemeine, 25 Kreuzer täglich; was sie mehr erhalten, das wird in die gemeinschaftliche Kasse getan und unter das Korps wöchentlich verteilt, was dem Familienvater sehr wohltut.

Briefe an Jenny Blum

10

17. Oktober 1848

Liebe Jenny!
Unter dem ersten Eindruck dieser ungeheuren Stadt kann ich Dir nur anzeigen, dass wir ohne oder doch mit sehr geringer Gefahr hier angelangt sind. Wien ist prächtig, herrlich, die liebenswürdigste Stadt, die ich je gesehen; dabei revolutionär in Fleisch und Blut. Die Leute treiben die Revolution gemütlich, aber gründlich. Die Verteidigungsanstalten sind furchtbar, die Kampfbegier grenzenlos. Alles wetteifert an Aufopferung, Anstrengung und Heldenmut.

61 *In effigie* ist ein lateinischer Ausdruck und bezeichnet eine Puppe, die stellvertretend bestraft wird.

Wenn Wien nicht siegt, so bleibt nach der Bestimmung nur ein Schutt- und Leichenhaufen übrig, unter welchem ich mich mit freudigem Stolze begraben lassen würde. Morgen erfolgt wahrscheinlich die Schlacht, d.h. nicht in Wien, sondern außerhalb derselben zwischen Ungarn und Kroaten. Sie wird durch etwa 10 000 Wiener unterstützt werden, und wir werden sie mitmachen, denn wir sind heute Ehrenmitglieder der akademischen Legion und sofort bewaffnet worden. Wir müssen also mit unseren Kameraden, es wäre eine Schande, es nicht zu tun.

Wir werden hier allenthalben mit Jubel empfangen, soweit dies die ernste Stimmung zulässt. Der Reichstag, der Gemeinderat, das Oberkommando, die Aula – alles nahm uns wahrhaft begeistert als Boten der Teilnahme Deutschlands auf. Alles ist hier bewaffnet, alles drängt sich, der Erste zu sein, welcher dem Feind entgegengeht; 500 Frauen haben (...) eine rührende Bitte eingegeben, man möchte etwa säumigen Männern die Waffen nehmen und sie ihnen vertrauen; sonst richten dieselben Betten her, um Verwundete aufzunehmen, schaffen Lebensmittel an, um die Barrikadenkämpfer zu nähren (...). Bis heute Vormittag wurde ununterbrochen geschossen, da die Kroaten sich stets in die Nähe der Stadt wagten, dann aber furchtbar heimgeschickt wurden; die Bürger haben bereits sieben Kanonen von ihnen erobert. Nur eins fehlt: wahrhaft revolutionärer Mut in den Behörden. Man zerrt sich dort gar sehr mit Halbheiten herum und laviert immer, um auf dem gesetzlichen Boden zu bleiben. Energie dort im ersten Augenblick und die Sache wäre schon entschieden. Hoffentlich bekommt man unter dem Kanonendonner auch dieses Fehlende noch.

Sonst ist in der Stadt das heiterste Leben, und neben den furchtbarsten Barrikaden macht sich das gemütlichste Wienertum geltend, aller Geschäftsverkehr geht flott, und es scheint, als ob nichts ferner wäre als Gefahr. Man geht zum Kampfe wie zum Tanze, und man muss glauben, das Leben sei keinen Pfifferling wert. Wann ich zurückkomme, kann ich allerdings nicht bestimmen, aber jedenfalls reise ich diese Woche noch ab, denn eine Entscheidung fällt in den nächsten Tagen.

Lebe wohl, liebe Jenny, und bleibe guten Mutes, hier wird man's unwillkürlich. Bleibe gesund und empfange Gruß und Kuss von

Deinem Robert

II

20. Oktober 1848

Meine liebe Jenny!

Ob Du diese Zeilen erhältst, weiß ich nicht; da aber mein Weg gut ist, versuche ich's wenigstens. Du erwartest mich Sonntag oder Montag, und ich bin indessen hier fest eingeschlossen, so dass niemand mehr heraus kann. Gestern ist dies vollendet worden, und heute sieht man eifriger und sehnsüchtiger als je der Entscheidungsschlacht entgegen. Wir sind also völlig in die Hand des Kriegsglücks gegeben, wohin wir den Weg nehmen – davon haben wir diesen Augenblick noch keinen Begriff. Ob über Kärnten nach Triest oder über Salzburg nach Bayern lässt sich nichts, nichts bestimmen. Sei indessen unbesorgt, wir werden schon irgendwo durchkommen, und geht's nicht, nun, so kosten die nächsten Tage so edle Opfer, dass es sich wohl lohnt, unter ihnen zu sein. Sobald die Entscheidung gefallen und dann irgendein Weg offen ist, gehen wir. Wiens Begeisterung und Kampfesmut ist unermesslich, und man lebt jede Stunde ein ansehnliches Stück Menschenalter, wenn man diese Züge geistiger Größe sieht. Man achtet das Leben nicht im Geringsten, geht auf dem Vorposten hin und her und wechselt Kugeln, wie man sich mit Brotkügelchen wirft nach heiterem Mahl. Einen Feind treffen macht gerade so viel Vergnügen und so wenig Gewissensbisse als einen Kegel treffen im Spiel. Wir haben hier jetzt etwa 100 000 Bewaffnete, gegen uns stehen etwa 72 000, aber freilich dort geübte Soldaten, hier Bürger. Nun, dafür aber auch dort nur Sold, hier Begeisterung und Bewusstsein des Kampfes. Besonders die Arbeiter sind bewundernswert, für die Bourgeoisie, die ihnen nie etwas gab oder gönnte, stehen sie bereit, in den Tod zu gehen. Nein, es ist doch etwas Höheres, denn in Wien entscheidet sich das Schicksal Deutschlands, vielleicht Europas. Siegt die Revolution hier, dann beginnt sie von neuem ihren Kreislauf; erliegt sie, dann ist wenigstens für eine Zeitlang Kirchhofruhe in Deutschland, wenn auch die Tyrannei keineswegs damit gesichert ist, denn ihre Soldateska selbst revolutioniert, ehe sechs Monate vergehen. – Wuttke[62] ist auch hier, und denke Dir! Er hatte die Unverschämtheit, in den Zentralausschuss der

62 *Johann Karl Heinrich Wuttke*, Historiker und Publizist, war lange eng mit Blum verbunden und gehörte wie Blum zur Leitung des im März 1848 entstandenen Leipziger Vaterlandsvereins. Dort zeigten sich bald immer größere politische Differenzen um die Frage der künftigen Staatsform.

demokratischen Klubs zu kommen (welcher die Bewegung ziemlich leitet) und sich dort als Demokrat und Republikaner auszugeben. Als man aber seinen Namen hörte, wurde er mit einer so unermesslichen Schande hinausgewiesen, dass er mir fast leidtat. Wahrscheinlich ist der Halunke förmlicher Spion geworden. Die von ihm so sehr gelästerten Polen sind uns hier treu wie Gold, täglich mehren sich ihre Scharen, und sie sind das beste Korps. General Bem, der Verteidiger von Warschau 1831, befehligt die Artillerie. Wenn nur der Magen nicht wäre! Die Märkte sind seit gestern völlig leer; Du kannst denken, was das heißt bei 450 000 Einwohnern. Zwar ist Brot und Fleisch für drei Wochen hier, aber die Preise steigen enorm und die Angst der Leute in demselben Verhältnis. Lebe wohl, liebe Jenny, und sei so unbesorgt, als es Dir möglich ist, ich bin in sehr heiterer Stimmung und werde es bleiben bei jeder Wendung, denn die Sache ist groß. Hoffentlich sehen wir uns wieder und bald! Soll's nicht sein, ertragen wir unser Schicksal. Die Kinder brauch' ich Dir nicht zu empfehlen, sie sind ja Dein. Grüße und küsse sie herzlich. Auch alle Freunde grüße, und sie sollen treu bleiben oder es wieder werden, denn halb und lahm ist auch schlecht.
Von Herzen Gruß und Kuss von Deinem
Robert

12
30. Oktober 1848

Liebe Jenny!
Die Schlacht ist verloren, das boshafte Glück hat uns geäfft. Nein, das Glück nicht; der schmachvollste Verrat, den jemals die Weltgeschichte gesehen hat, war derart gesponnen, dass er im Entscheidungsaugenblick und nur und allein an diesem ausbrach. Ich habe am Samstag noch einen sehr heißen Tag[63] erlebt, eine Streifkugel hat mich sogar unmittelbar am Herzen getroffen, aber nur den Rock verletzt. Wien kapituliert eben, und wahrscheinlich wird die Innere Stadt heute Abend oder morgen übergeben. Dadurch sind einige noch unbesiegte Vorstädte dann ebenfalls bezwungen oder werden's wenigstens leicht. Ein Teil des Heeres – d.h. des städtischen Heeres – will die Waffen nicht ablegen, besonders sind die übergetretenen Soldaten in wahrer Raserei. Es kann demnach noch sehr schlimme Szenen im Inneren geben. – Sobald der Verkehr wieder beginnt, reise ich ab und komme nach Leipzig. Rede mit meinen Freunden, ob sie es für zweckmäßig halten, dass ich dort einen öffentlichen Bericht gebe. Meinen sie das, so sollen sie Plakate drucken lassen des Inhalts:

Heute wird R.B. von Wien hier eintreffen etc., also ohne Datum, damit man sie, wenn ich mit dem ersten Zug komme, noch anschlagen kann. Friese wird Dir am besten darin raten. Den Inhalt dieses Briefes schreibe kurz an C. Vogt, Mitglied der konstitutionellen Nationalversammlung in Frankfurt.

63 Blum war am 28. Oktober 1848 als Kompaniechef der Elitekorps mit seiner Kompanie zur Verteidigung der Nußdorfer Linie eingesetzt.

Ich kann nicht mehr schreiben, mein Herz ist zerrissen von Zorn und Wut und Schmerz. Lebe wohl! Auf baldiges Wiedersehen! Gruß und Kuss!
Robert

13
6. November 1848

Meine liebe Jenny!
Als ich Dir meine letzten Zeilen schrieb, deren Kürze die Umstände geboten, glaubte ich denselben auf dem Fuße zu folgen und wenigstens kurze Zeit in meinem Hause zu verleben. Das ist anders geworden, und ich werde unfreiwillig hier zurückgehalten, bin verhaftet. Denke Dir indes nichts Schreckliches, ich bin in Gesellschaft Fröbels, und wir werden sehr gut behandelt. Allein die große Menge der Verhafteten kann die Entscheidung wohl etwas hinausschieben. Sei also ruhig, und wenn Du das bist, wirst Du zu meiner Ruhe wesentlich beitragen. Ich denke Dich stark und gefasst und bin's deshalb selbst. (...) Leb recht wohl, bleibe gesund und heiter, grüße alle Freunde und empfange für Dich und unsere lieben Kinder von Herzen Gruß und Kuss von
Deinem Robert

14
9. November 1848

»Mein teures, gutes, liebes Weib, lebe wohl, wohl für die Zeit, die man ewig nennt, die es aber nicht sein wird. Erziehe unsere – jetzt nur Deine Kinder zu edlen Menschen, dann werden sie ihrem Vater nimmer Schande machen. Unser kleines Vermögen verkaufe mit Hilfe unserer Freunde. Gott und gute Menschen werden Euch ja helfen. Alles, was ich empfinde, rinnt in Tränen dahin, daher nochmals: leb wohl, teures Weib! Betrachte unsere Kinder als teures Vermächtnis, mit dem Du wuchern musst, und ehre so Deinen treuen Gatten. Leb wohl, leb wohl! Tausend, tausend, die letzten Küsse von
Deinem Robert

Morgens 5 Uhr, um 6 Uhr habe ich vollendet. Die Ringe habe ich vergessen; ich drücke Dir den letzten Kuss auf den Trauring. Mein Siegelring ist für Hans, die Uhr für Richard, der Diamantknopf für Ida, die Kette für Alfred als Andenken. Alle sonstigen Andenken verteile Du nach Deinem Ermessen. Man kommt! Lebe wohl, wohl!

15

Brief an C. Cramer[64] vom 9. November 1848

Lieber Freund!
Es ist 5 Uhr, und um 6 Uhr werde ich erschossen. Also nur zwei Worte: Lebe wohl, Du u. alle Freunde. Bereite meine Frau langsam vor auf das Geschick – des Krieges. (...) Ich sterbe als Mann – es muss sein.
Lebt wohl! Lebt wohl!
Blum

64 Carl Eduard Cramer: Freund und politischer Weggefährte von Robert Blum; Redakteur und später auch Herausgeber der Sächsischen Vaterlands-Blätter.

TAGEBUCHEINTRAG VON BERTHOLD AUERBACH[65] – 9. NOVEMBER 1848

Es ist nicht möglich, es wäre entsetzlich, das kann, das darf nicht sein, es wird so viel gelogen, man darf nichts mehr glauben! Das waren die Ausrufe bei der ersten Nachricht, dass Robert Blum erschossen worden. Und doch wollte dieser und jener Augenzeugen gesprochen, oder es von solchen aus zweitem Munde gehört haben. Die Haare sträubten sich vor dem Entsetzlichen. Es kann nicht sein! So weit können sie nicht gehen!

Wir hielten diese Ungewissheit nicht länger aus. Die Leiche Robert Blums sollte im Civilhospital sein. Ich eilte mit einem Deputierten dorthin: Die Leiche ist nicht da, sie ist wohl im Militärhospital, dem Josephinum, hieß es. Niemand von den jungen Ärzten wollte mich dorthin begleiten. Sie fürchteten sich alle, nur durch die Nachfrage nach dem Toten mit in eine heimliche Verhandlung verwickelt zu werden. Es war Nacht geworden, als ich im Josephinum ankam. Der Hof und die unteren Räume waren von Militär besetzt. Der Aufseher des Leichensaales war nicht da. Ein anwesender Student sagte mir: Man könne jetzt nicht hinein und – setzte er hinzu: Es ist nichts dort als die Leiche Robert Blums … So ist es doch wahr! Und unabsehbares Elend lebt auf mit dem Toten dort.

Ich erfuhr noch die näheren Umstände vom Tod Robert Blums. Bis gestern Nachmittag saß er mit Fröbel in demsel-

65 Berthold Auerbach, eigentlich Moses Baruch Auerbacher, war ein deutscher Schriftsteller. Während der Oktoberrevolution war er – wie Blum – in Wien.

ben Zimmer gefangen. Heute morgen 5 Uhr wurde ihm das Todesurteil verkündet.

Er sagte ruhig: Es trifft mich nicht unerwartet. Der Geistliche vom Schottentore, zu dessen Sprengel das Gefängnis Robert Blums gehört, kam, um ihm die Beichte abzunehmen. Blum sagte, dass er nicht beichte, und der Geistliche sagte: Er habe das gewusst. Hierauf schrieb Blum einen Brief an seine Frau, worin er sie ermahnte, ihr Schicksal mutig und standhaft zu tragen und seine Kinder so zu erziehen, dass sie seinem Namen keine Schande machen, wie er selber seinem Namen Ehre bringe durch den Tod für die Freiheit.

Mit drei Jägern und einem Offizier wurde er nach der Brigittenau geführt. Als er nach dem Richtplatze ging, stand er mehrmals still und holte tief Atem. Er bat, dass man ihm die Augen nicht verbinde. Der Offizier erwiderte: Diesem könne nicht willfahrt werden, es geschehe der Soldaten wegen, und Blum band sich selbst das Tuch um die Augen. Von drei Kugeln getroffen, sank Blum nieder. Die eine traf in die Stirne, die anderen in die Brust. Sein letztes Wort war: »Aus jedem Blutstropfen von mir wird ein Freiheitsmärtyrer erstehen.«

Und das Wort wird Wahrheit werden, aber wehe denen, die die verratenen Völker zwingen, über Ströme Blutes hinweg die Freiheit zu erobern. Wenn man so die Rachegeister alle losbindet, wo bleibt da eine Macht, die ihnen Einhalt zu tun vermag? Wo wird das enden? Welchen entsetzlichen Gräueln sehen wir entgegen!

Im ersten Sturm der Eroberung, mit den heißen Waffen in der Hand, den Widersacher niederstoßen oder ihn nach kurzen Verfahren zum Tode verurteilen, das lässt sich mit dem Affekt, mit einer Notwendigkeit der Sicherung, mit der Abschreckung erklären oder auch entschuldigen, da nun einmal die Menschen nicht davon lassen, das Gewicht ihrer Gründe endlich mit der rohen Gewalt, mit den Waffen zu entscheiden. Aber jetzt, da die Stadt wehrlos, gebeugt in den Händen des Entsetzlichen, jetzt in wenigen Stunden, heimlich, ohne Verteidigung, ohne öffentlichen Zeugenaufruf einen Mann mit der Weihe des Volkserwählten, unbekannt und ungeahnt in den Tod senden, wer will da auftreten und sagen: das durfte geschehen, weil er in den Tagen allgemeiner *gesetzlicher* Erhebung gleiches Wort und gleiche Waffen führte mit fast allen Einwohnern der Stadt?

Wo solche Dinge geschehen, da ist alles Wort verloren, das gesprochene und das geschriebene. (...)

TODESURTEIL FÜR ROBERT BLUM

Urteil, welches in dem auf Befehl des hohen k. k. Militär-Stadtkommando in Wien zusammengesetzten Standrechte mit Einheit der Stimmen geschöpft wurde.

Herr Robert Blum, zu Köln in Rheinpreußen gebürtig, 40 Jahre alt, katholisch, verheiratet, Vater von 4 Kindern, Buchhändler zu Leipzig, welcher bei erhobenem Tatbestand durch sein Geständnis und durch Zeugen überwiesen ist, am 23. Oktober d. J. in der Aula zu Wien durch Reden in einer Versammlung zum Aufruhr aufgeregt und am 26. Oktober d. J. an dem bewaffneten Aufruhr in Wien als Kommandant einer Kompagnie des Elitekorps tätigen Anteil genommen

zu haben: Soll nach Bestimmung der Proklamation Sr. Durchlaucht des Feldmarschalls Fürsten zu Windischgrätz vom 20. und 23. Oktober nach § 4 im 62. Artikel der Theres. Gerichts-Ordnung mit dem Tode durch den Strang bestraft werden. So gesprochen in dem Standrechte angefangen um ½ 6 Uhr abends am 8. November 1848.
Cordier m. p., Major als Präses
Wolferom m. p., Hauptmann-Auditor

Ist kundzumachen und in augenblicklicher Ermangelung eines Freimannes[66] *mit Pulver und Blei durch Erschießen zu vollziehen.*
Wien, den 8. November 1848.
Im Namen des Sr. Durchlaucht des Herrn Feldmarschalles
Hipsek m.p., General-Major.

Kundgemacht und mit Pulver und Blei durch Erschießen vollzogen worden.
Wien, den 9. November 1848, ½ 8 Uhr morgens.
Wolferom m. p., Hauptmann-Auditor

66 *Freimann:* Henker.

DEN MÖRDERN ROBERT BLUMS

Von Louise Aston

Wenn einst der Freiheit Hymnen schallen,
Die Schwerter wieder rein von Blut:
Dann will ich zu der Stätte wallen,
Wo Robert Blum, der Edle, ruht;
Dann schmück' ich unter Tränen
In einer stillen Nacht,
Wenn sie mich schlummernd wähnen,
Sein Grab mit Blumenpracht.

Was soll uns jetzt die Klage frommen?
Mein Aug ist heiß, doch tränenleer,
Es wird der Tag des Kampfes kommen,
Die Leier nicht – es gilt den Speer!
Aus jeder Todeswunde
Ein Gott der Rache spricht:
Noch kennt ihr bis zur Stunde
Des Zornes Allmacht nicht!

ANHANG

BIOGRAFISCHE NOTIZ

Die Hinrichtung Robert Blums in Wien am 9. November 1848 wurde in weiten Teilen Deutschlands mit Empörung aufgenommen. Sein Tod sorgte für wochenlange Aufregung. Studenten, Arbeiter und Demokraten trauerten besonders verzweifelt. Die Linke hatte ihren prominentesten Führer verloren. Und Leipzig, die Stadt seiner politischen Sozialisation und seines Aufstiegs zum Wortführer der radikalen Demokraten, so etwas wie ihr emotionales Stadtoberhaupt. Robert Blum war in nahezu allen Schichten populär, sogar unter den Vertreter des Bürgertums, weil sie ihn immer wieder als Garant für ein gesetzliches Vorgehen angesehen hatten.

Blum, der Kämpfer für Freiheit und Grundrechte, für eine Republik und gegen die Monarchie, hatte stets für Augenmaß plädiert, für Einsicht und Vernunft, für Gewaltlosigkeit auf allen Seiten. In zahlreichen Städten Deutschlands fanden Trauerfeiern statt, die größte in Leipzig mit etwa 12 000 Teilnehmern. Der Trauermarsch zog in langen Reihen durch die Stadt, für den Gottesdienst mussten sich die Trauernden auf die beiden Hauptkirchen Sankt Nikolai und Sankt Thomas aufteilen, eine Kirche allein hätte nicht ausgereicht. Riesengroß war auch die Anteilnahme in seiner Vaterstadt Köln.

Robert Blum wird am 10. November 1807 in Köln geboren. Sein Vater Engelbert Blum sollte eigentlich das Fassbinder-Geschäft des Vaters übernehmen, die Herstellung von Holzfässern. Doch dem immer kränkelnden jungen Mann fehlte die Kraft, die das Zurechtbiegen der Bretter, der Dauben erforderte. So übernahm der jüngere und robustere Sohn Heinrich das väterliche Geschäft. Engelbert Blum versucht es zunächst als Schreiber in einem Lagerhaus und wird schließlich Aufseher in einer Stecknadelfabrik. Im Februar 1807 heiratet Engelbert Blum das Dienstmädchen Maria Katharina Brabender. Das Ehepaar wohnt im Haus der Blum-Eltern und bekommt nach Robert noch zwei weitere Kinder. Die Verhältnisse sind offenbar liebevoll, aber materiell bescheiden. Durch den Tod von Engelbert Blum im Juni 1815 verschlechtert sich die Lage dramatisch. Robert Blum ist da sieben Jahre alt. Die Armut wird drückend, die Familie leidet häufig Hunger. Die zweite Ehe der Mutter nur einige Monate später verbessert die Situation nicht. Im Gegenteil. Der Stiefvater ist ein cholerischer Trinker. Robert muss früh arbeiten, um die Familie zu unterstützen, und kann trotz seiner offenkundigen Begabung nur kurze Zeit zur Schule gehen. Er beginnt eine Lehre als Goldschmied, doch seine schwachen Augen sind für die feine Arbeit nicht geeignet. Im Alter von drei Jahren war Robert an Masern erkrankt und in der Folge erblindet. Erst nach einem Dreivierteljahr kehrte das Augenlicht zurück. Nach dem Abbruch der Goldschmiedelehre findet Robert Blum eine Stelle bei einem Gürtler, ebenfalls ein Metallberuf. Robert lernt das Fertigen von

Gürtelschnallen, Beschlägen oder Lampenfassungen. Doch der Meister verschwindet nach einem halben Jahr – wohl auf der Flucht vor den Behörden. Blums dritter Versuch ist eine Ausbildung zum Gelbgießer. Der Lehre folgen die üblichen Wanderjahre als Geselle, die Walz, die Blum bildungshungrig für seine autodidaktische Fortbildung nutzt. Mit regelmäßigen Reiseaufzeichnungen übt er sich als Autor, in jeder freien Minute liest er die Bücher, die er sich aus Bibliotheken holt. Eine Stelle bei einer Firma für Laternen und Beleuchtung, die Straßen oder Parks illuminiert, führt zu weiteren Reisen quer durch die Länder des Deutschen Bundes. 1828 kommt Blum für fast zwei Jahre nach Berlin. Dort wird er Gasthörer an der Universität und trifft auf ihn prägende Wissenschaftler und Denker. Blum hört bei Friedrich Schleiermacher Theologie, bei Georg Friedrich Wilhelm Hegel Philosophie und bei Leopold von Ranke Geschichte. Sein Freundeskreis ist nicht minder illuster. Der Verleger Philipp Reclam, der Komponist Albert Lortzing und der Dichter August Heinrich Hoffmann von Fallersleben zählen zu seinem engen Umfeld, hier formt sich sein politisches Weltbild. Blum wagt sich an literarisches Schreiben und seine Miniaturen sind noch heute eine wichtige Quelle zur Geschichte des Vormärz.

1832 folgt Blum dem bisherigen Kölner Theaterdirektor Ringelhardt nach Leipzig und wird Theatersekretär, ein Glücksfall, weil ihm die Theaterstücke und die Theaterbibliothek reiche Möglichkeiten zur weiteren Selbstbildung geben. Und weil er rund um das Theater zahlreiche Kontakte in die Stadt knüpfen kann. Blum stürzt sich in publizistische und politische Aktivitäten. Er schreibt eigene

Theaterstücke, ohne rechten Erfolg, veröffentlicht Artikel zu Literatur und Politik und gibt selbst Zeitschriften und auch Lexika heraus; sein »Theater-Lexikon« in sieben Bänden oder sein »Handbuch der Staatswissenschaften und Politik« werden zu Standardwerken. Blum ist beteiligt an der Gründung des Leipziger Literatenvereins wie an der Gründung des Leipziger Schillervereins. Leipziger Bürger, insbesondere Schriftsteller, Gelehrte und Künstler, die sich für die demokratischen Ziele des Vormärz wie Rede-, Presse- und Versammlungsfreiheit einsetzen, feiern Schiller als Streiter für deutsche Einheit und Freiheit. Diese Vereine, wie auch der später ebenfalls von Blum gegründete »Redeübungs-Verein«, dienen nicht nur dem Andenken an Schiller oder literarischen Gesprächen, sondern auch als Tarnung für politische Diskussionen und Reden. Offene Opposition gegen die antidemokratischen Zustände ist gefährlich, mit den Karlsbader Beschlüssen von 1819 hatten die bedeutendsten Staaten des Deutschen Bundes zahlreiche Maßnahmen und Gesetze zur Unterdrückung und Verfolgung liberaler und nationalistischer Bewegungen verabredet.

Ab 1840 schreibt Blum regelmäßig für die »Sächsischen Vaterlands-Blätter« – ein Sprachrohr der linken Opposition in Sachsen. Publizistisch gekämpft wird für die Meinungs- und Pressefreiheit, für soziale Gerechtigkeit und für das Projekt einer nationalen und demokratischen Einheit. Die »Vaterlands-Blätter« sammeln auch Spenden für politisch Verfolgte; Heinrich Hoffmann von Fallersleben zum Beispiel wird eine solche Unterstützung zuteil. Die eigenen oder von ihm veröffentlichten Texte in den »Vaterlands-Blättern« zeigen immer wieder, wie weit Robert Blum seiner Zeit voraus ist. 1843 wirft Blum die Frage nach der politischen Stellung der Frau auf und lässt in der gleichen Ausgabe die Schriftstellerin und frühe Frauenrechtlerin Louise Otto-Peters antworten. Im Herbst 1844 wird auf Blums Initiative in den »Vaterlands-Blättern« ein Offener Brief des jungen katholischen Pfarrers Johannes Ronge an Wilhelm Arnoldi, den Bischof von Trier, veröffentlicht. In dem Brief wendet sich Ronge gegen die Ausstellung des »Heiligen Rocks« Christi, eine Reliquie, und prangert die Veranstaltung als »modernen Ablasskram« und Verdummung des Volkes an. Das Offene Sendschreiben wird tausendfach kopiert und verteilt und begründet die deutschkatholische Bewegung gegen den Dogmatismus der christlichen Kirchen. Ronge wird exkommuniziert. Und in dem von Blum ab 1843 jährlich herausgegebenen »Vorwärts! Volks-Taschenbuch« schreibt er selbst zahlreiche Artikel über das marode Gerichtswesen. Mit der Serie »Opfer des geheimen Gerichtsverfahrens, zusammengestellt vom Herausgeber« macht er auf Justizverbrechen aufmerksam. Die verschiedenen Publikationen sind ständig von der Zensur bedroht. Die »Vaterlands-Blätter« werden 1845 ganz verboten, was von der Opposition als »Kriegserklärung gegen die öffentliche Meinung« gebrandmarkt wird. Auch muss Blum für einige Wochen ins Gefängnis.

Blum hat inzwischen eine Familie. Im April 1840 heiratet er in zweiter Ehe Eugenie »Jenny« Günther, seine erste Frau Adelheid Mey war nur wenige Monate nach der Hochzeit gestorben. Jenny und Robert Blum bekommen fünf Kinder, eines stirbt noch als Säugling. Robert Blum, ein gedrungener breiter Kerl mit einem mächtigen, struppigen Bart ist äußerlich kein sehr attraktiver Mann, aber mit seinen leidenschaftlichen Reden, mit seiner Kontaktfreude und Direktheit ohne jeden Dünkel und mit seinem vielfältigen Wissen, das er unabhängig von Geschlecht und Stand mit jedem teilt, dennoch ein Frauenheld mit zahlreichen Affären. Mindestens ein uneheliches Kind ist verbürgt.

Blums politische Karriere geht mächtig voran. Ab 1839 ist er Mitglied im Hallgarten-Kreis, einer Versammlung einflussreicher liberaler Politiker im Deutschen Bund, einer Keimzelle der Nationalversammlung. Im August 1845 besuchte der sächsische Prinz Johann, ein unbeliebter, streng katholischer und autokratischer Monarch, das politisch unruhige Leipzig. Zahlreiche Leipziger Bürger demonstrieren gegen ihn, das sächsisch-königliche Militär wird gerufen und schießt in die Menge. Am Tag darauf versammeln sich Tausende von Demonstranten am Leipziger Schützenhaus und fordern Vergeltung. Gewalt liegt in der Luft. Robert Blum, der an diesem Tag aus Dresden zurückkehrt und erst kurz zuvor vom Geschehen Kenntnis erlangt hat, tritt, gedrängt von Freunden, auf die Tribüne und mahnt mit dröhnender Stimme zur Besonnenheit. Keine Rache, verlangt Blum, nur angemessene Forderungen nach Sühne. Die Menschen hängen an seinen Lippen. Er ist einer der Ihren, ihm glauben sie. Blum fordert sie auf, zum Rathaus am Marktplatz zu ziehen, und es wird beinah ein Schweigemarsch, ernst und still. Als Teil einer Abordnung betritt Blum das Rathaus und fordert von der Stadtregierung die Auswechslung des am Ort stationierten königlichen Militärs, die Aufrechterhaltung der Ordnung der Stadt einzig durch die Kommunalgarde, eine gründliche Untersuchung der Vorfälle und die ehrenvolle Bestattung der Toten. Louise Otto-Peters, die sich an jenem

Tag unter den Demonstranten befindet, schreibt später über Blum: »Damals, als diese klangvolle Stimme den Aufgeregten zurief: ›Verlasset den Boden des Gesetzes nicht!‹ und die, welche nach Rache schrien, überredete, nur Forderungen der Sühne zu stellen – damals zeigte es sich, (…) wie er allein durch seine Besonnenheit mitten in der Begeisterung und durch das Schlagende seiner Worte und Gründe allerdings eine Art von Zauber auch auf die aufgeregtesten Massen ausübte, wie keiner vor und nach ihm vermocht hat. Damals ward Blum der Held des Tages, und selbst die geldstolze Bourgeoisie Leipzigs, die bis dahin nur verächtlich gelächelt hatte über den deutschkatholischen Theater-Sekretär, brachte ihm ihre Huldigungen dar.«

Die Ereignisse jenes Tages tragen im ganzen Land zu Blums Popularität bei. Im November 1845 wird Blum mit der höchsten Stimmzahl aller Bewerber zum Leipziger Stadtverordneten gewählt. Und so ist es am Ende nur folgerichtig, dass ihn die Leipziger im Mai 1848 als ihren gewählten Abgeordneten in die Nationalversammlung nach Frankfurt schicken. Dort wird Blum zum Sprecher der demokratischen Linken, arbeitet im Verfassungsausschuss mit und hält wichtige Reden, so im Rahmen der Debatte über die künftige Staatsform – Republik oder konstitutionelle Monarchie? Doch die Mehrheit stimmt gegen die von Blum ersehnte Republik.

Im Oktober 1848 kommt es in Wien zu einem neuen revolutionären Aufstand. Blum drängt es dorthin. Am 17. Oktober trifft eine Delegation der Linken in Wien ein und Blum ist begeistert von der Stadt und ihren Bürgern. »Wien ist prächtig, herrlich, die liebenswürdigste Stadt, die ich je gesehen, dabei revolutionär in Fleisch und Blut«, schreibt er an seine Frau nach Leipzig. Bald kämpft Blum, der Mann der Debatten, mit der Waffe in der Hand auf der Seite der Aufständischen. Nach der Niederschlagung des Aufstandes wird er verhaftet und am 9. November 1848 trotz seiner Immunität als Abgeordneter standrechtlich erschossen. Sein Tod symbolisiert die Verachtung der Adelshäuser und ihrer Regierungen für das Parlament in der Frankfurter Paulskirche, für die Demokratie. Blums Tod symbolisiert ebenfalls das Ende der deutschen Revolution. Die Verfassung, an der Blum mitgearbeitet hatte, tritt nie in Kraft, die Nationalversammlung löst sich 1849 auf.

Gabriele Gillen

EDITORISCHE NOTIZ

Die »Bibliothek der frühen deutschen Demokratinnen und Demokraten« versammelt deutsche Demokratinnen und Demokraten aus den Revolutionsjahren 1848/1849 mit einer Auswahl ihrer Texte. In diesem Zeitraum beginnt eine erste breite, eigenständige, genuin demokratische Bewegung in den 34 Staaten und 4 Freien Städten des Deutschen Bundes, ausgehend von Baden und dem gesamten Südwesten. Die hier formulierten demokratischen Ideen, Pläne, Programme und Konfessionen zu Errichtung einer freien, demokratischen Bundesrepublik auf der Grundlage allgemeiner Wahlen, einer sozialen Marktwirtschaft, eines elaborierten Grundrechtskatalogs, der Gewaltenteilung – eingebunden zudem in einer Union der anderen freien europäischen Nationen – fundieren unsere heutige demokratische Gegenwart.

Da die hier vorgelegten Texte nicht Teil einer »wissenschaftlichen« Edition im strengen Sinne sind, sondern die »Bibliothek der frühen Demokratinnen und Demokraten« eine »Publikums-Edition« sein möchte, haben wir die Texte, den heutigen Lesegewohnheiten entsprechend, orthografisch an die gegenwärtig vertraute Rechtschreibung angepasst.

Editorische Anmerkungen bleiben auf ein Mindestmaß beschränkt und wurden nur dort vorgenommen, wo eine kurze Erläuterung (zum Beispiel bei der Nennung von Namen oder Ereignissen wie auch bei der Verwendung von heute nicht mehr gebräuchlichen Redewendungen) zum Verständnis des Textes erforderlich, mindestens hilfreich ist.

QUELLEN

Freigeist | Robert Blum: Volksthümliches Handbuch der Staatswissenschaften und Politik. Ein Staatslexikon für das Volk (2 Bände). Verlagsbuchhandlung Blum & Co., 1848/1851, S. 367

Über politische Ideen | Robert Blum: Volksthümliches Handbuch der Staatswissenschaften und Politik. Ein Staatslexikon für das Volk (2 Bände). Verlagsbuchhandlung Blum & Co., 1848/1851, S. 492

Ein Blick in das Leben des Erzgebirges | Deutsches Volksblatt: Eine Monatsschrift Für Das Volk Und Seine Freunde, August 1847, Leipzig, F. A. Brockhaus, S. 2. Sowie in: Album für's Erzgebirge. Von Mitgliedern des Schriftstellervereins. Eine Textsammlung von Friedrich Gerstäcker, F. Gustav Kühne und Heinrich Wuttke, Verlag: Leipzig Brockhaus & Avenarius, 1847.

Die deutsche Presse im Jahre 1842 | Vorwärts: Volks-Taschenbuch für das Jahr 1843. Herausgegeben von Robert Blum und Friedrich Steger, Leipzig 1843, Verlag von Robert August Friese, S. 100.

Über die Bildung | Robert Blum: Volksthümliches Handbuch der Staatswissenschaften und Politik. Ein Staatslexikon für das Volk (2 Bände). Verlagsbuchhandlung Blum & Co., 1848/1851, S. 150

Über das Proletariat | Robert Blum, Ein Zeugnis seines Lebens, bearbeitet von Dr. Heinz Füssler, herausgegeben vom Städtischen Museum Zwickau, 1948, S. 46–47.

Über Sozialismus | Robert Blum, Ein Zeugnis seines Lebens, bearbeitet von Dr. Heinz Füssler, herausgegeben vom Städtischen Museum Zwickau, 1948, S. 46.

Die Wunder des heiligen Rockes | Auszüge aus einem Artikel von Robert Blum, erschienen 1845 in den Sächsischen Vaterlands-Blättern. Zitiert nach: Arthur Frey: Zur Erinnerung an einen Todten. Robert Blum als Mensch, Schriftsteller und Politiker, Verlag Mannheim J. P. Grohe, 1849, S. 62–72.

Über die Glaubensfreiheit | Robert Blum: Volksthümliches Handbuch der Staatswissenschaften und Politik. Ein Staatslexikon für das Volk (2 Bände). Verlagsbuchhandlung Blum & Co., 1848/1851, S. 444

Die Teilnahme der weiblichen Welt am Staatswesen | Sächsische Vaterlandsblätter, Dritter Jahrgang, Nummer 134, 22. August 1843, S. 591 ff.

Alleinherrschaft | Stenographischer Bericht über die Verhandlungen der deutschen konstituierenden Nationalversammlung zu Frankfurt (Main). Herausgegeben von Franz Wigard. Zweiter Band. Leipzig 1848, S. 1108 ff.

Belagerungszustand und Standrecht | Der Radikale (Wiener Zeitschrift), Nr. 109 vom 24. Oktober 1848.

Weihnachten | Als Einleitung erschienen in: Die Fortschrittsmänner der Gegenwart. Eine Weihnachtsgabe für Deutschlands freisinnige Männer und Frauen. Herausgegeben von Robert Blum. Leipzig, 1847. Verlag von Robert Blum & Co

Festrede zum ersten Leipziger Schillerfest am 9. November 1840 | Gedenkbuch an Friedrich Schiller. Herausgegeben vom Schiller-Verein in Leipzig. 1. Lieferung. Leipzig 1855, S. 1–9.

Aufruf an die Freisinnigen Sachsens vom 3. März 1848 | Robert Blum, Briefe und Dokumente, Reclam Leipzig 1981, S. 51 f.

Völkerrechtliche Verhältnisse | Stenographischer Bericht über die Verhandlungen der deutschen konstituierenden Nationalversammlung zu Frankfurt (Main). Herausgegeben von Franz Wigard. Bd. 1 Frankfurt (Main) 1848, S. 1108 ff.

Rede zur »provisorischen Zentralgewalt« (Nationalversammlung vom 20. Juni 1848) | Stenographischer Bericht über die Verhandlungen der deutschen konstituierenden Nationalversammlung zu Frankfurt (Main). Herausgegeben von Franz Wigard. Bd. 1 Frankfurt (Main) 1848, S. 402–404.

Zweite Rede zur »provisorischen Zentralgewalt« (Nationalversammlung vom 24. Juni 1848) | Stenographischer Bericht, S. 502 ff.

Die Stellung der Soldaten in Deutschland (Rede im Leipziger Redeübungsverein am 6. März 1848) | Gedruckt von C. H. Hoßfeld, Selbstverlag, Leipzig, 1848; ZstA Potsdam (heute Bundesarchiv), Nachlass Blum.

Bericht an die Leipziger Wähler (16. August 1848) | Arthur Frey: Zur Erinnerung an einen Todten. Robert Blum als Mensch, Schriftsteller und Politiker. Mannheim, J.P. Grohe 1849, S. 152 ff; sowie (Auszüge): Selbstbiographie von Robert Blum und dessen Ermordung in Wien am 9. Novbr. 1848: Herausgegeben von einem seiner Freunde. Leipzig und Meißen, Verlag von F. W. Goedsche 1848, S. 19–23.

Aufruf an die Wiener Bevölkerung am 18. Oktober 1848 | Robert Blum: Ein Zeugnis seines Lebens. Nach zeitgenössischen Dokumenten. Bearbeitet von Dr. Heinz Füssler. Herausgegeben vom Städtischen Museum – Zwickau (Sachsen), 1948, S. 65.

Aus Briefen

Brief 1 | ZStA Potsdam (Bundesarchiv), Nachlass Blum, Nr. 164, Bl. 11–12.

Brief 2 | In: Hans Blum: Robert Blum. Ein Zeit- u. Charakterbild für das deutsche Volk. Leipzig 1878, S. 239.

Brief 3 | Selbstbiographie von Robert Blum und dessen Ermordung in Wien am 9. Novbr. 1848: Herausgegeben von einem seiner Freunde. Leipzig und Meißen, Verlag von F. W. Goedsche 1848, S. 14 f.

Brief 4–7 | Ludwig Bergsträßer (Hrsg.), Das Frankfurter Parlament in Briefen und Tagebüchern, Frankfurt (Main), 1929, S. 411 ff./356 ff./376/398 ff.

Brief 8 | ZstA Potsdam (Bundesarchiv), Autographensammlung.

Brief 9 | In: Eduard Sparfeld, Das Buch von Robert Blum. Ein Denkmal seines Lebens und Wirkens. Leipzig 1849, S. 72 ff.

Brief 10–14 | Robert Blum, Briefe und Dokumente, Reclam Leipzig 1981, S. 106 ff. (Nr. 74, 75, 81, 83, 85).

Brief 15 | Sächsische Vaterlands-Blätter, Nr. 227 vom 9. Dezember 1848.

Tagebucheintrag von Berthold Auerbach – 9. November 1848 | Berthold Auerbach: Tagebuch aus Wien. Von Latour bis auf Windischgrätz. Schletter'schen Buchhandlung, Breslau 1849, S. 222 f.

Todesurteil für Robert Blum | Robert Blum, Ein Zeugnis seines Lebens. Nach zeitgenössischen Dokumenten. Bearbeitet von Dr. Heinz Füssler, 1948. Herausgegeben vom Städtischen Museum – Zwickau (Sachsen), S. 75.

Den Mördern Robert Blums | Louise Aston, Freischärler-Reminiscenzen. Zwölf Gedichte, Verlag von E. O. Weller, Leipzig 1850, S. 10.